МАРИА
РУССКИЙ ЯЗЫК ДЛЯ ДЕТЕЙ

# СОРОКА 2

## КНИГА ДЛЯ УЧИТЕЛЯ

**MARIANNA AVERY**
**SOROKA 2. RUSSIAN FOR KIDS**
**Teacher's Book**

Avery M.
Soroka 2. Russian for Kids: Teacher's Book. –
New Orleans: Avery M., 2017. – 72 p., il.

Copyright © 2017 Marianna Avery
All right reserved.

www.facebook.com/marianna.avery/
www.facebook.com/groups/avery.soroka/

# ВВЕДЕНИЕ

### Общее описание курса

Вторая часть учебно-методического комплекса «Сорока. Русский язык для детей» предназначена для детей 7-9 лет, у которых уже есть некоторое представление о русском языке. Автор надеется, что ваши ученики уже успешно закончили первую часть курса «Сорока 1» и готовы дальше изучать наш прекрасный русский язык.

Курс «Сорока. Русский язык для детей» рассчитан на работу в классе, с группой учащихся, но он может также применяться и на индивидуальных занятиях.

Курс состоит из 15 глав-уроков. Материал уроков рассчитан, как минимум, на 3 занятия продолжительностью 45 минут каждое, и на дополнительные задания для выполнения в классе или дома.

Как и предыдущий курс «Сорока 1», новый уровень, «Сорока 2» состоит из трех частей: Учебника, Рабочей тетради и Книги для учителя. Все три книги связаны между собой. По замыслу автора, они должны применяться вместе. Но, как показывает практика, возможны и другие применения книг из этого учебно-методического комплекса. Например, Рабочую тетрадь можно использовать для заданий на каникулы и для повторения для детей с достаточно высоким уровнем знания русского языка, не для начинающих. А игры из курса «Сорока 1» понравились ученикам всех уровней и даже взрослым.

Новый материал, грамматические структуры и их функции в контексте представляет Учебник. В нем много картинок, комиксов, игр. Учебный материал постепенно усложняется. Рабочая тетрадь объединяет грамматику и словарь, представленный в учебнике, с их практическим использованием, а также применением на письме и в чтении.

Книга для учителя дает пошаговый, поурочный план занятий, ответы на задания, контрольные работы, а также дополнительные идеи для занятий в классе и дома.

Автор подчеркивает, что в УМК «Сорока» используется метод устного опережения. Это означает, что сначала у учащихся формируются навыки слушания и говорения, и лишь спустя какое-то время, умения и навыки чтения и письма. Так же подчеркну, что УМК «Сорока» предназначен для обучения общению на языке, способности вести осмысленный диалог, устно или письменно. Для любителей грамматического подхода напомню, что УМК «Сорока» - не для вас. Наши ученики все-таки дети. Вряд ли им понравится учить правила или названия падежей. Им скорее всего понравится сказать что-нибудь хорошее по-русски, или написать по-русски имя мамы, или суметь прочитать название русской книжки – т.е. использовать свои знания на практике. Поэтому я не рекомендую использовать метод «изучаем грамматику, а потом переводим». Нет, не с этим курсом!

Чтобы подчеркнуть коммуникативную направленность курса, в его Содержании автор не упоминает грамматических терминов.

### Цели и содержание курса

Учебный курс преследует три главные цели:
• Помочь ученикам понять и правильно использовать некоторые основные модели русской грамматики в ежедневных речевых ситуациях;

• Выработать у учеников уверенность при слушании, говорении, чтении и письме на русском языке;

• Сделать учебный процесс приятным и легким для учащихся.

Содержание курса усложняется от урока к уроку, происходит расширение словаря и усложнение грамматического материала. Автор попыталась подобрать словарь, который будет интересен и полезен для детей.

### Герои учебного курса «Сорока 2»

Главные герои учебного курса – это брат и сестра Маша и Денис, а также герои из предыдущего курса «Сорока» Вика и Максим, Аня и Вова. В учебнике также действуют их семьи (мамы и папы, бабушки и дедушки), домашние животные и друзья – ученики начальной школы.

## Как использовать учебный курс «Сорока. Русский язык для детей»

На каждый урок-главу Учебника и Рабочей тетради приходится по четыре страницы. Каждый Урок рассчитан на, как минимум, 3 занятия, длиной 45 минут каждое.
Материалы в Учебнике, Рабочей тетради и Книге для учителя полностью взаимосвязаны.

### Занятие 1
Первая страница урока вводит новые грамматические явления и словарь урока.
Эти новые структуры будут в дальнейшем отработаны путем вопросов-ответов, а также многочисленных повторений. Учебник дает речевую модель, которая отрабатывается в Рабочей тетради.

### Занятие 2
Первая часть второго занятия состоит из диалогов разной длины, представленных в учебнике в виде комикса. Эти диалоги очень хороши для повторения и заучивания наизусть.
Упражнения из Рабочей тетради помогут в закреплении материала.

### Занятие 3
Третье занятие – это повторение и закрепление изученного материала, представленное в игровой форме. Как правило, в конце каждой главы-урока Рабочей тетради дается игра, или загадка, или кроссворд.

## Основные этапы урока

**Разминка/повторение пройденного** – в этой части урока используется материал, с которым ученики уже знакомы. Обычно, это что-то, что они уже делали раньше – игра или песенка. Введение нового материала – в некоторых случаях происходит без учебника («учебники закрыты»). Дети на уроке видят настоящие предметы, которые легко принести в класс (например, маленькие игрушки). Используйте родной язык детей только в тех ситуациях, когда невозможно показать предмет или объяснить это по-русски. Метод «закрытый учебник» позволяет познакомиться со словами, услышать, как они звучат. Позже, когда ученики открывают книгу, знакомство продолжается, дети видят, как эти слова пишутся, процесс обучения происходит легче и быстрее. Когда вводится новое слово, убедитесь, что дети услышали, как оно произносится, для этого:
- *повторите новое слово два или три раза,*
- *ученики слушают и повторяют за учителем, сначала хором, а потом по одному.*

Второй метод – это метод «открытый учебник», когда ученики смотрят на картинки в книге и слышат новые слова. Для работы можно использовать метод «Послушай и покажи», «Покажи и скажи». Когда ученики слышат слово и показывают названный предмет на картинке, а потом они показывают предмет и сами его называют.
Для введения новых слов подготовьте «Скатерть-самобранку» - сумку, или коробку, или ящик, куда вы будете складывать мелкие предметы и игрушки, необходимые вам для работы. Набор предметов всякий раз может быть разным. Автор обычно указывает, что вам нужно положить в свою «Скатерть-самобранку».

### Диалоги

Располагаются на второй странице урока. Перед новым диалогом надо повторить пройденные фразы, а также выучить новые слова, которые ученики еще не проходили. Дайте возможность ученикам выучить эти диалоги, а потом рассказать их перед классом. Разговор и слушание устные упражнения. Их цель – научить быстро произносить новые слова. В этом упражнении главное – темп.

- *Для новых слов и фраз:*
показывайте предмет, или картинку. Ученики называют его хором, потом по одному. Увеличивайте скорость.

- *Для фраз:* учитель дает ключевое слово фразы (обычно, ее начало). Ученики заканчивают фразу. Все это происходит в быстром темпе.

**Устные упражнения «Цепочка».**

Используйте следующий порядок: учитель обращается к ученику: «Добрый день! Меня зовут Мария. Как тебя зовут?». Ученик отвечает «Меня зовут Джон», затем поворачивается к другому ученику и спрашивает: «Как тебя зовут?». Ученики продолжают отвечать на вопрос и задавать его следующему ученику, каждый раз добавляя «звено» в цепочку.

### Вопросы - ответы.

Как правило, это работа в парах. Ученики используют диалоги из учебника и задают друг другу вопросы. Учитель ходит между учениками и проверяет произношение и правильность понимания.
После того, как ученики усвоили конструкции, учитель должен их использовать, чтобы задать
ученикам вопросы об их жизни, поговорить с учениками о том, что их окружает. Это сделает язык более живым.

### Чтение и письмо.

К окончанию первой части курса «Сорока» ваши ученики уже умеют читать по-русски. Поэтому на новом этапе идет обучение в двух руслах: улучшение техники чтения и работа над пониманием текста. Для этого в Рабочей тетради есть математические задания. Разумеется, они направлены на то, чтобы ученики понимали, что они читают и могли выполнять простые инструкции. Упражнения на письмо в Рабочей тетради. Эти задания можно выполнять и в классе, и дома. Прочитайте задания вместе с учениками, убедитесь, что они поняли, что нужно делать. Проговорите ответы на задания сначала устно, вместе со всеми, и только после этого дайте ученикам возможность самостоятельно сделать письменные задания.

### Игры

Игры помогают в развитии разговорных навыков, дают уверенность в использовании грамматических конструкций, учат читать и выполнять простые инструкции, т.е. подготавливают к пониманию более сложных текстов в дальнейшем. Так же напомню, что в начальном курсе «Сорока 1» есть много игр, как в Учебнике, так и в Книге для учителя. Вы все еще можете их использовать со своими учениками. Детям будет даже приятно узнать знакомые игры, в которые они играли раньше. Игры, которые представлены в курсе «Сорока» предназначены для игры в группе или индивидуально. Если вы играете в группах, то можно разбить класс на команды, дать командам русское название, например, «Медведи» или «Лисы», написать названия команд на доске, чтобы вести счет.

Для выбора игроков можно пользоваться считалочками, например:

Тише, мыши, кот на крыше,
а котята ещё выше.
Кот пошёл за молоком,
а котята кувырком.
Кот пришёл без молока,
а котята ха-ха-ха.
\*\*\*\*
Эники-беники ели вареники
Эники-беники - клёц!
Вышел весёлый матрос.
\*\*\*\*
Кони, кони, кони, кони,
Мы сидели на балконе.

# ВВЕДЕНИЕ

Чай пили, чашки били,
По-турецки говорили.
Пусть дети повторяют за вами.

### Диктанты

*«Суриков»*
Учитель дает простые инструкции на русском языке, а ученики рисуют. Надо прочитать инструкции два или три раза. Для проверки, диктант повторяется снова, дети по очереди выходят к доске и рисуют на доске ответы.

*«Закончи предложение»*
Этот тип диктанта сложнее. Он предполагает, что дети выучили наизусть фразы из диалогов и могут по памяти их закончить. Учитель говорит фразу, но пропускает одно слово. Ученики должны понять, какое слово пропущено и записать его. Внимание! Цель этого «диктанта» - не проверка правописания, а проверка на знание слов и фраз. Поэтому не оценивайте орфографию (а только поправляйте), оценивайте, правильно ли выбрано слово. Примечание. Это совершенно не означает, что не нужно изучать русскую орфографию. Это означает, что есть разные типы заданий. Если это словарный диктант (например, в виде кроссворда), то тогда очень важно, чтобы все слова были написаны правильно. Здесь нужно обязательно все исправить. Существуют другие типы заданий, где нужно выбрать правильное слово и вставить его во фразу, как в примере, показанном выше. Вот здесь и надо обращать внимание на то, правильно ли выбрано слово, а не на то, как оно написано. Обычно трудности возникают только тогда, когда фразу не проговорили, не выучили наизусть. Тогда ее действительно сложно записать.

### Контрольные работы

Контрольные работы даны в конце Книги для учителя. Это простые задания на чтение и письмо. Перед началом контрольной работы, убедитесь, что все дети понимают задание. Пройдите по каждому заданию и покажите образец его выполнения.
Когда ученики выполнят контрольную работу, оцените ее результаты. Может быть, нужно повторить определенные темы для всего класса или для некоторых учеников. Оценка разговорных навыков оценивается по результатам устных занятий в классе.
Выделите отдельное занятие для контрольной работы. Если осталось время, лучше поиграть,
чем пытаться писать контрольную и проводить обычный урок на одном занятии.
Учитель может пропустить контрольную (хотя это и нежелательно), или использовать задания из контрольной работы в качестве дополнительных заданий в классе или дома.

### Список слов

В конце Книги для учителя приводится список слов, изученных в настоящем курсе. Формы слов (существительные в различных падежах, глаголы в разных лицах и временах) указаны в этом списке как разные самостоятельные слова. Это сделано для того, чтобы учителю было проще определить, в каком виде ученики уже знакомы со словом.

Автор настоящего учебно-методического комплекса постоянно на связи с преподавателями и родителями через свою страницу в Фейсбуке www.Facebook.com/Marianna.Avery

## СОДЕРЖАНИЕ КУРСА

| Номер урока и страницы | О чём мы говорим | Как мы это говорим |
|---|---|---|
| **Урок 1** с 1-4 | Повторение. Лицо и внешность. | Где Вика? Вот она. Что у тебя в коробке. У него большие глаза и длинные волосы. |
| **Урок 2** с 5-8 | Где библиотека? Где мама работает? Где мы играем? | Мама работает на почте. Мы играем в парке. |
| **Урок 3** с 9-12 | Числа до 20. Номер телефона. | Идём гулять в парк! Лови! Женщина сидит в парке. |
| **Урок 4** с 13-16 | Числа до 100. Адрес. | Куда идёт бабушка? Бабушка идёт в магазин. Вика идёт в школу. Ул. Садовая, дом 15, квартира 3. |
| **Урок 5** с 17-20 | Направление движения. Помещения в доме. | Как пройти в библиотеку? Где дедушка? На кухне. Куда идёт кошка? На балкон. |
| **Урок 6** с 21-24 | Дни недели. Расписание уроков. | Во вторник в два часа я иду на стадион. Какой урок у тебя в среду в 9 часов? |
| **Урок 7** 25-28 | Выражаем своё мнение. Заполняем бланки. | Как ты думаешь, собака любит читать? Я думаю, Маша любит мороженое. |
| **Урок 8** с 29-32 | Куда мы идём? Куда положить? Какую погоду ты любишь? | Она любит свою кошку. Я хочу подарить ей хороший чай. В плохую погоду я дома. |
| **Урок 9** с 33-36 | Я вижу и ищу кого-то. В зоопарке. | Я вижу слона и тигра, я не вижу обезьяну. Я ищу Ивана. Как зовут твоего брата? |
| **Урок 10** с 37-40 | Утром, днём и вечером. | Утром я встаю рано. Я никогда не опаздываю. Мы были в зоопарке в воскресенье вечером. |

## СОДЕРЖАНИЕ КУРСА

| Номер урока и страницы | О чём мы говорим | Как мы это говорим |
| --- | --- | --- |
| **Урок 11** с 41-44 | Один - много. Сколько? Одна или много? | Один ящик - много ящиков. Один кот - много котов. Одна книга - много книг. |
| **Урок 12** с 45-48 | Много. Отсутствие. | В доме много квартир, но нет балконов. Две книги, два яблока. |
| **Урок 13** с 49-52 | Продолжаем считать. Сказка «Теремок» | Сколько портфелей? Много улиц, библиотек и стадионов. Сегодня нет дождя. |
| **Урок 14** с 53-56 | Повторение курса. | Твой подарок в зелёной коробке. Я на работе. С Днём рождения! |
| **Урок 15** с 57-60 | Повторение. Сказка «Репка» | Игра «Бинго». |

# ГЛАВА 1

## 1 Занятие

*На этом занятии мы изучаем:*

> Повторяем буквы русского алфавита, предложный падеж существительных. Отвечаем на вопрос «где?». Тренируем слово «пожалуйста».

*Слова:*

> Иди сюда.

### Повторение/разминка

Повторяем русские буквы. На первом этапе разминки можно использовать один из двух вариантов.

**Первый** - учитель читает вслух русский алфавит, ученики повторяют.

**Второй вариант** - учитель пишет на доске буквы в случайном (не алфавитном) порядке. Рекомендуется начинать с букв, которые есть в латинском алфавите (если этот алфавит применяется в родном языке) А, Т, К, М, О. После этого добавлять другие буквы, У, С, Ф, Б, Х, Л, Д, Я и т.д. Учитель пишет буквы и называет их, ученики повторяют за учителем. Второй этап повторения - учитель показывает на букву, ученики ее называют.

На втором этапе разминки - игра в «Гонки за буквами» (Сорока 1, Книга для учителя, Урок 4, Занятие 1)

Ученики делятся на две команды, команды получают названия. Учитель пишет на доске названия команд, под названием будут записаны очки, которые получила каждая команда.

Используйте буквы, которые учитель написал для разминки. Если на доске ничего не написано, тогда учитель пишет на доске прописные буквы в случайном (не в алфавитном!) порядке. Учитель вызывает по одному игроку из каждой команды, дает каждому мел и объясняет, что сейчас они будут участниками гонки за буквами. Учитель называет любую букву алфавита, участники из каждой команды пытаются найти ее на доске. Одна команда ставит крестик на букве, другая обводит букву в кружок. Кто нашел первый, ставит на букве свой знак. Назовите еще одну или две буквы. Позовите новых участников из каждой команды, назовите им две или три буквы. Продолжайте, пока есть время.

### Основная часть урока.
(УЧЕБНИК, С. 1)

1) Повторяем слова, отвечаем на вопрос «Где?». Учебники закрыты. Сначала учитель задает вопросы ученикам, например, «Где Стив?». И сам на них отвечает «Вот он», или «Вот Стив». (Предпочтительнее «Вот он»). И так далее. Учитель продолжает задавать этот вопрос и отвечать на него уже с предметами из «Скатерти-Самобранки»: «Где ручка?» - «Вот она». Ученики слушают и повторяют хором.

Дополнительное задание для продвинутых студентов - задавать вопрос «Какого цвета?».

Можно использовать «Скатерть-самобранку», вытаскивать из нее предметы один за другим, называть их, их цвет, можно вспомнить слова короткий, длинный, высокий, и другие.

2) Книги открыты. Учитель рассматривает картинки вместе с учениками. Спрашивает про героев «Кто эта девочка? (Это Аня). Сколько ей лет? (Ей 9 лет). Кто ее брат? (Вова ее брат). И так далее. Учитель читает текст на картинках, ученики повторяют. Когда учитель прочитает слова «Иди сюда», он должен попросить у учеников догадаться, что это означает. Учитель должен убедиться, что все ученики правильно поняли эти слова. После этого надо повторить их вслух несколько раз, ученики повторяют хором за учителем.

## Чтение и письмо
(РАБОЧАЯ ТЕТРАДЬ, С.1)

**Задание 1.** «Вычеркни ненужное». Прочитайте вслух слова «коробка», «в коробке», «книга», «в книге». Попросите учеников вспомнить, в чем разница. Обычно они говорят, что коробка - это просто предмет (просто коробка), а когда в ней что-то есть, то говорят «в коробке». Объясните задание еще раз, убедитесь, что все ученики поняли задание. Теперь можно его выполнить письменно в Рабочей тетради. Ответы на задания: Это коробка? Что в коробке? Это сумка? Что в сумке? Это книга? Что в книге?

**Задание 2.** «Вставь пропущенные буквы и раскрась». Учитель рассматривает картинки вместе с учениками, называет нарисованные на них предметы. Повторяет название предметов несколько раз, чтобы ученики вспомнили, как они называются. После этого предлагает ученикам вписать недостающие буквы. Пока ученики работают, учитель ходит между ними, проверяет, подсказывает, подбадривает. Когда все закончили работу, учитель пишет на доске слова, ученики проверяют свои работы в тетрадях.
**Ответы на задания:**
1) яблоко; 2) четыре; 3) черный; 4) собака; 5) машина; 6) туфли.

### Окончание урока.

Игра «Пожалуйста». Один ученик говорит другому «Иди сюда» или «Иди сюда, пожалуйста». Но идти надо только тогда, когда есть слово «Пожалуйста». Например, Джон говорит: «Сара, иди сюда, пожалуйста.» Сара идет к нему. Потом Джон говорит: «Карл, иди сюда». Раз нет слова «Пожалуйста», то Карл остается на месте.

## ❷ Занятие

*На этом занятии мы изучаем:*

> Как спросить разрешение, слово «можно?», как ответить «можно» или «нельзя».

*Слова:*

> Щенок. Посмотрите. Можно посмотреть? Можно. Нельзя.

### Повторение/разминка

Игра «Что я вижу?» Учитель выкладывает на стол несколько предметов из «Скатерти-самобранки», называет их все по очереди. После этого просит учеников называть предметы на букву К. Ученики говорят: книга, кукла, карандаш. И т.д. После этого учитель называет другую букву, ученики называют предметы, названия которых начинаются с этой буквы. Подсказка. В конце Книги для учителя Сороки 1 есть список всех пройденных слов в алфавитном порядке.

### Основная часть урока
(УЧЕБНИК, С. 2)

1. Комикс «Щенок» на с. 2. Здесь впервые ученики познакомятся со словом «Можно». Учитель читает вслух диалоги из комикса, дети повторяют за учителем. Ту часть диалога, где есть слово «Можно» нужно прочитать обычным тоном, как все остальные, уже знакомые ученикам слова. После того учитель спрашивает: «Что значить «Можно»?». Ученики должны догадаться, что дети в комиксе спрашивают разрешения посмотреть. Если ученики не смогли догадаться, учитель должен им подсказать. После того, как учитель прояснил значение незнакомого слова (или тех слов, которые ученики уже проходили, но забыли), ученики сами читают диалог, сначала полностью, а потом по ролям.

2. Слово «можно». Учитель подходит к одному из учеников, показывает на любой предмет, лежащий на парте и говорит: «Можно?».

Ученик отвечает: «Можно». Учитель берет названный предмет и говорит «спасибо». После этого учитель повторяет слово «можно» несколько раз, ученики повторяют за ним сначала хором, затем по одному. Дальше ученикам нужно попросить друг у друга разрешения взять какой-нибудь предмет.

3. «Можно – нельзя». Учитель просит одного из учеников попросить разрешения взять что-нибудь у него. Ученик показывает на предмет и спрашивает: «Можно?». Учитель отвечает «Нет, нельзя». Повторяет слово «нельзя» несколько раз, ученики повторяют за ним хором, затем по одному. После этого ученики отрабатывают в парах вопрос-ответ «Можно – нельзя»: один ученик спрашивает у другого, показывая на предмет «Можно?». Второй отвечает, в зависимости от ситуации либо «можно», либо «нельзя».

### Чтение и письмо
(РАБОЧАЯ ТЕТРАДЬ, С.2)

**Задание 3.** Учитель рассматривает картинку вместе с учениками. Ученики рассказывают, что на ней нарисовано. Если рассказ вызывает затруднение, можно подсказать ученикам. Например, «Это книга, это стул. Где книга? Книга на стуле.»

**Ответы на задание:**
1) Собака на траве. 2) Мяч на дереве. 3) Книга на стуле. 4) Облако в небе. 5) Лодка в воде. 6) Папа в машине. 7) Мама в доме. 8) Кошка в лодке.

### Окончание урока.

Игры на повторение слов, например, анаграммы. ООАЛКБ (облако), ЧМЯ (мяч), СКААБО (собака), ГНИАК (книга).

## 3 Занятие

***На этом занятии мы изучаем:***

Лицо

***Слова:***

Лицо, ухо, уши, глаз, глаза, рот, нос, волосы. Другой, другое.

### Повторение/разминка.

«Иди сюда, пожалуйста». Ученики разбиваются на две группы, группы расходятся в разные стороны комнаты. Участник команды 1 говорит одному из участников команды 2 либо «Иди сюда, пожалуйста!», либо просто «Иди сюда!». Если сказано «Иди сюда, пожалуйста!», то участник команды 2 переходит на сторону команды 1. Если сказано просто «Иди сюда!», то участник остается на месте. Дайте возможность всем детям сказать эти фразы, лучше, если обе, и «Иди сюда», и «Иди сюда, пожалуйста!».

### Основная часть урока
(УЧЕБНИК, С. 3)

1. Учебники закрыты. Учитель показывает на свое лицо и называет глаз, глаза, нос, рот, ухо, уши, волосы. Ученики уже знакомы со словами «длинный» и «короткий», напомните их, жестами покажите длинные и короткие волосы. Ученики слушают и повторяют новые слова. Постепенно увеличивайте скорость повторения. Следующий этап – учитель просит ученика «Покажи мне твой нос, пожалуйста». Ученик показывает на нос. Автор рекомендует вводить формы множественного числа слов «глаз, глаза» и «ухо, уши» как два разных слова. На данном этапе обучения, когда возраст детей 7-9 лет, нет смысла загружать их теоретическими знаниями по русской грамматике. Нужно, чтобы они видели и понимали разницу, этого пока достаточно.

2. Учебники открыты. Ученики смотрят на рисунок лица на с. 3 Учебника и читают вслух надписи к картинкам.

3. «У меня большой нос». Учебник, с. 3. Учитель показывает на картинку № 1 и говорит: «Я номер один». Далее учитель читает текст, а ученики показывают на картинке то, что он читает: У меня большой нос. У меня большой рот. У меня маленькие глаза. У меня маленькие уши.

4. Такое же задание с рисунком № 2. (Маленький рот, большой нос, большие глаза, маленькие уши).

5. На рисунке № 3 учитель читает текст, но с каждым предложением сомневается, ученики ему подсказывают. Например:
Учитель: У меня .... большие уши или маленькие?
Ученики: Большие уши.
Учитель: У меня большие уши.
И так далее, опишите все лицо таким образом. (Большой рот, маленькие глаза, большой нос).

6. Учитель читает описание лица на одной из картинок, ученики должны показать, о чем идет речь и назвать номер картинки.

7. Можно приступать к тренировке монологической речи учеников. Учитель предлагает им выбрать одну из картинок и описать ее, используя 3 лицо: у него большие уши, у него маленькие глаза и т.д.

**Чтение и письмо**
(РАБОЧАЯ ТЕТРАДЬ, С. 3-4)

Прочитайте задание, рассмотрите картинки, убедитесь, что все дети поняли, что нужно делать. Дайте возможность ученикам проговорить несколько раз слова, изображенные на картинках. Только после этого можно приступать к выполнению задания.

**Ответы на задания:**
У меня большие уши. У меня короткие волосы. У меня длинный нос. У меня маленькие глаза. Один глаз зелёный, а другой глаз голубой. У меня большой рот. У меня длинные волосы. У меня большие глаза. У меня одно ухо большое, а другое ухо маленькое.

**Конец урока.**
(УЧЕБНИК, С. 4)

Игра «Кто я?» Ученик загадывает самостоятельно, или ему помогает учитель, одного из монстриков с картинки. Другие ученики задают вопросы и пытаются угадать имя монстрика. Их четыре Два мальчика, две девочки. Имена девочек: Шушу и Нюня; имена мальчиков: Гека и Мума.

|  | волосы | нос | рот | уши | глаза |
|---|---|---|---|---|---|
| Шушу (дев) | короткие | маленький | большой | маленькие | большие |
| Нюня (дев) | длинные | маленький | маленький | большие | маленькие |
| Гека (мальчик) | длинные | большой | большой | маленькие | маленькие |
| Мума (мальчик) | короткие | большой | маленький | большие | большие |

# ГЛАВА 2

## 1 Занятие

*Слова:*

Парк, стадион, магазин, библиотека, почта, кинотеатр, покупаем, покупаете, корм, витамины, там, почему, делаете.

### Повторение/разминка

Игра «Кто я?», Учебник, с. 4.

### Основная часть урока

Учебники открыты. Учитель вместе с учениками рассматривает картинки и читает написанные слова. Нужно убедиться, что все ученики поняли значение новых слов.

После этого ученики повторяют новые слова, сначала хором, потом по одному, по цепочке, постепенно увеличивая темп. Можно выписать слова на доску, чтобы не отвлекаться на картинки в учебнике.

Следующая часть урока - комикс. В прошлом уроке у Маши и Дениса появился щенок. Они пошли в магазин купить ему корм и витамины. В это время им позвонил Максим, спросил, где они находятся и что они делают. Максим очень удивился, что Маша и Денис покупают корм и витамины, он же не знал, что у них появился щенок.

Перед чтением комикса нужно выучить слова «корм», «витамины», «там», «почему», «делаете».

В комиксе будут новые слова в предложном падеже «в магазине». Слово покупаем с двумя новыми словами «корм» и «витамины». Слово «витамины» - международное, поэтому можно предложить детям догадаться что оно значит (разумеется, если в их родном языке оно звучит похоже).

Учитель читает вслух, ученики повторяют.

После этого ученики читают комикс по ролям. В конце учитель может задать вопросы: Где Маша и Денис? Что они делают в магазине? Что они покупают?

После комикса учитель записывает на доске слова мужского и среднего рода, неодушевленные, в единственном или множественном числе, т.е. такие слова, которые не изменяются в винительном падеже (зонт, стол, стул, портфель, карандаш, корм, хлеб, молоко, яблоки и т.д.) Эти слова будут использованы в следующем упражнении, когда ученики будут отрабатывать слова «покупаем - покупаете». Можно вписывать название предметов, которые невозможно купить, например, новые слова «стадион» или «парк». Это будет даже смешнее, если они начнут спрашивать: «Вы покупаете парк?», а ответ будет «Нет, мы не покупаем парк, мы покупаем стадион».

Работа идет в «цепочке». Первый ученик спрашивает второго «Вы покупаете корм?», второй отвечает: «Нет, не покупаем» (или «Да, покупаем»), поворачивается к третьему и спрашивает его: «Вы покупаете витамины?». Третий ученик отвечает «Да, покупаем», или «Нет, не покупаем», поворачивается к четвертому ученику и говорит: «Вы покупаете стол?» и так далее.

### Чтение и письмо
(РАБОЧАЯ ТЕТРАДЬ, С. 5)

**Ответы:** 1.парк, 2.кинотеатр, 3.магазин, 4.библиотека, 5.почта, 6.стадион.

### Окончание урока.

Игра «Крокодил» со словами по теме лицо.

## 2 Занятие

*Слова:*
город, здесь, идём сюда, (в) парке, (на) стадионе, (в) магазине, (в) библиотеке, (на) почте, (в) кинотеатре, фильм, отправляет, читают, бегают, работает, играют, журнал.

### Повторение/разминка

Начните урок с повторения счета. Ученики называют цифры от 1 до 10 по цепочке.

### Основная часть урока

Ученики уже знакомы с предложным падежом. Напомнить им, показывая картинки или предметы: «Мяч в коробке», «Кот на дереве», «Папа в машине».

Вспоминаем, что если что-то где-то находится, то в слове последняя буква «е». Предложить детям ответить по-русски на вопрос «где?» с новыми словами. Учитель предлагает слово «парк», дети должны догадаться и сказать «в парке», и так далее. Обратите внимание на предлоги. Мы говорим: в парке, в библиотеке, в магазине, в кинотеатре, но: на почте, на стадионе.

После этого ученики открывают учебники на с.7 и видят, что они все угадали правильно.

Задание на новое слово «там». По цепочке задавать вопросы, чтобы ответ был со словом «там». «Ты в парке? - Да, я там. Что ты там делаешь? Я там играю». «Ты в библиотеке? - Да, я там. Что ты там делаешь? - Я там читаю книгу». Слова «играть» и «играю» ученикам уже знакомы, их изучали в Сороке 1, урок 10.

### Чтение и письмо
(РАБОЧАЯ ТЕТРАДЬ, С. 6-7)

В задании ученикам встретятся новые слова или новые формы глаголов, с которыми они еще не знакомились (смотрят, фильм, отправляет, работает, играют и т.д.) Объясните детям само задание, то, что надо вставить слова из рамки, не заостряя внимания на новых словах. Их смысл они могут понять из контекста. Только в том случае, если выполнение задания серьезно затруднено, можно дать перевод новых слов.

### С. 6. Ответы:

1. Наш щенок ест *корм*. 2. Мы покупаем *хлеб* в магазине. 3. Вова *читает* журнал в библиотеке. 4. Маша и Денис смотрят фильм *в кинотеатре.* 5. Папа отправляет *письмо* на почте.

### С. 7. Ответы:

1. Мама и папа *в кинотеатре.* 2. Дети читают книги *в библиотеке.* 3. Мальчики и девочки бегают *на стадионе.* 4. Мама работает *на почте.* 5. Вика и Максим *в магазине.* 6. Денис и щенок играют *в парке.*

### Окончание урока.

Игра «Город».
Нарисовать два полукруга, расположенных в противоположных углах друг от друга. Один в левом нижнем углу, на нем написать «Мы здесь», второй в правом верхнем, на нем написать «Идём сюда». Между ними нарисовать несколько окружностей, достаточно больших, чтобы в них можно было написать слова. В эти окружности нарисовать черточки по количеству букв, и первую букву. Например, для слова «стадион», учитель пишет «с _ _ _ _ _ _». Ученики выходят по очереди (или по командам) и вписывают нужные слова. Задача - правильно написать все слова. Если слово написано правильно, то ученики двигаются вперед, если неправильно, остаются на месте и исправляют ошибки. Слова: парк, библиотека, кинотеатр, стадион, магазин, почта.

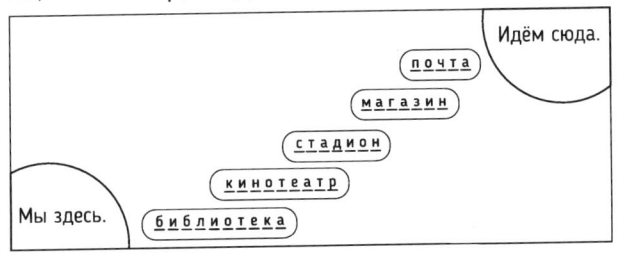

**Приготовьте на следующий урок:**
1. Большую фишку со словами СТОЙ и ИДИ.
2. Маленькие фишки, пуговки или любые другие предметы для игры на с.8.

### ❸ Занятие

*Слова:*

> Стой, иди, начало, начало игры, конец, конец игры, мороженое.

#### Повторение/разминка

Учебник, с. 4. Игра «Кто я?»

#### Основная часть урока/Чтение.

Игра «Где вы? Что Вы делаете?»
Перед игрой. Напишите на доске все новые слова и повторите их несколько раз, сначала хором с детьми, потом по одному.

Затем покажите ученикам правила игры. Это игра на чтение. Как Вы понимаете, главная задача здесь - читать, понимать письменные инструкции и следовать им. Для объяснения правил игры попросите двух учеников выйти перед классом. Они читают вслух «НАЧАЛО ИГРЫ» и ставят свои фишки на начало игры.

- Один ученик кидает фишку. Если выпало слово ИДИ, ученик переставляет фишку «в парк» и читает вслух «Вы в парке, вы играете в мяч», если выпало слово СТОЙ, то двигаться нельзя, тогда наступает очередь другими участникам кидать фишку, а первый участник стоит и ждёт.

- Ученики кидают фишку по очереди, пытаясь продвинуться вперед к разным местам в городе. Каждый, кто пришел на новую остановку читает вслух, что на ней написано. Затем фишку кидает следующий участник.

- Первый, кто добрался до кинотеатра ждет остальных участников. После фильма они все вместе идут домой.

#### Чтение и письмо.
(РАБОЧАЯ ТЕТРАДЬ, С. 8)

| А | Б | М | А | Г | А | З | И | Н | о | п |
|---|---|---|---|---|---|---|---|---|---|---|
| Б | в | г | д | е | ж | Е | Е | к | л | М |
| И | р | ш | а | К | р | п | О | Ч | Т | А |
| Б | с | э | ь | И | о | ц | г | я | ь | Е |
| Л | и | ю | ю | Н | л | у | ш | ч | б | Н |
| И | т | я | ф | О | д | п | А | Р | К | г |
| О | у | ы | ы | Т | ж | к | щ | с | ю | Ё |
| Т | ф | х | в | Е | э | е | з | м | й | п |
| Е | х | С | Т | А | Д | И | О | Н | ц | р |
| К | ч | ъ | А | Й | н | х | и | у | о |
| А | щ | д | п | р | ц | г | ъ | т | к | л |

#### Окончание урока.

Игра с буквами. (Сорока 1, Книга для учителя, Урок 5, Занятие 1). Можно разделить класс на команды, дать командам названия. Учитель достает карточку с буквой. Ученики называют букву. Затем каждая команда придумывает слова, начинающиеся с этой буквы. Учитель записывает эти слова на доске под названием команды. Можно так сделать с двумя-тремя буквами. Подсказка: список изученных слов в алфавитном порядке можно найти на с. 57-59 Книги для учителя 1.

# ГЛАВА 3

## ❶ Занятие

**На этом занятии мы изучаем:**

числа от 13 до 20

**Слова:**

тринадцать, четырнадцать, пятнадцать, шестнадцать, семнадцать, восемнадцать, девятнадцать, двадцать.

### Повторение/разминка

*Счет до 12.* Возможны разные варианты. Вариант 1. Учитель достает из «Скатерти-самобранки» мелкие предметы по одному и считает их один, два, три, четыре и так далее. Учитель также может считать другие предметы в классе или у себя на столе.

*Вариант 2 (усложненный).* Циферблат с часами. Учителю нужен будет циферблат с часами, на которых можно двигать стрелки. Если такого нет, то можно просто нарисовать его на доске. Сначала повторить счет до 12 по порядку, затем показывать разное время на часах, ученики отвечают на вопрос «Сколько времени?», используя числа от 1 до 12.

### Основная часть урока
(УЧЕБНИК, С. 9)

Учитель повторяет счет до 12, считает: один, два, три и так далее. После этого учитель начинает считать снова. Когда он доходит до числа 11, учитель начинает сопоставлять счет, пишет на доске или выкладывает карточки с числами, сначала с цифрой 1, говорит вслух «один», потом рядом ставит число 11 и называет вслух «одиннадцать». То же с 2 и 12. Эти числа ученики проходили раньше, когда изучали время.

1 (один) - 11 (одиннадцать)
2 (два) - 12 (двенадцать)

Далее учитель пишет на доске (или ставит карточку) цифру 3, называет ее вслух (три) и предлагает ученикам самим догадаться, как звучит 13. Обычно, по аналогии с предыдущими номерами, ученики без проблем говорят «тринадцать». Учитель продолжает дальше с числами. Показывает 4, ученики по аналогии называют 14 (четырнадцать). Далее со всеми числами: 15, 16, 17, 18, 19. Когда очередь дойдет до числа 20, нужно остановиться и произнести его очень четко. Ученики очень часто путают звучание 12 и 20. Дополнительно можно написать на доске следующую схему

12 = две+НАД+цать
20 = два+дцать, показать, что слово 12 длиннее.

### Чтение и письмо
(РАБОЧАЯ ТЕТРАДЬ, С. 9)

Перед выполнением задания в верхней части страницы ученики называют вслух все написанные числа. После этого они выполняют задание - ищут, в какой прямоугольник записать слова. Обратите внимание, что это тренировочное упражнение, дающее возможность ученикам написать числа в первый раз. Поэтому дайте им возможность просто скопировать слова из учебника.

**Задание 1.** Ответы: тринадцать, девятнадцать, четырнадцать, двенадцать, семнадцать, восемнадцать.

**Задание 2.** Ответы:

| 1 | +6 | +9 | →16 |
|---|----|----|----|
| 2 | +10 | +7 | →19 |
| 11 | +2 | +1 | →14 |
| ↓ | ↓ | ↓ | |
| 14 | 18 | 17 | |

### Окончание урока.

Повторите слова по теме «Лицо», поиграйте в игру на с. 4 в Учебнике.

## 2 Занятие

*На этом занятии мы изучаем:*

> Кому что нравится, кому что нравится делать. Ей, ему нравится гулять, читать, бегать.

*Слова:*

> Хочет, играть, лови, нравится (ей, ему), гуляем, домой, идите домой, живу, гуляют, ужинать, работают.

### Повторение/разминка

**Игра на память.** Учитель кладет на стол 3-4 предмета, называет их по очереди. Например, зеленая книга, короткий карандаш, маленький ластик. Ученики повторяют за учителем, запоминают, какие предметы лежат на столе. Потом учитель прячет предметы, или накрывает их бумагой, чтобы их было не видно. Ученики должны по памяти назвать, что лежит на столе. Они обязательно должны назвать не только сам предмет, но и его свойство, дать пару прилагательное + существительное.

### Основная часть урока
### (УЧЕБНИК, С. 10)

Диалоги из комикса. Учитель читает вслух и объясняет непонятные слова. После этого учитель читает комикс еще раз, ученики повторяют за учителем.

Слово «нравится» - новое слово. Объяснить значение, потренироваться произносить и читать это слово. Далее объяснить употребление «ему», «ей» нравится. Ученики уже проходили ему и ей, когда изучали возраст. Вспомнить как говорят о возрасте, потом то же слово сказать во фразе «ему (ей) нравится».
**Ему** 12 лет. **Ему** нравится гулять в парке.
**Ей** 10 лет. **Ей** нравится читать.

Ученики также проходили словосочетание «любить что-то делать». Объясните, что в данном случае это словосочетания-синонимы.

При изучении глаголов в настоящем времени нужно учить их вместе с местоимением или существительным. Обратите внимание, что глаголы 1 лица единственного числа и 3 лица множественного числа имеют похожие формы, только в 3 лице мн.числа в конце слова стоит буква «т». Бегаю-бегают, живу-живут, читаю-читают, и т.д.

### Работа с новыми глаголами.

Мне нравится позиция, высказанная О.Н.Каленковой в ее работе «Уроки русской речи». Вот цитата: «Напомним, что различные грамматические формы глаголов и существительных предъявляются и отрабатываются на занятиях не в системном порядке. Но затем они активно употребляются детьми в диалогах и маленьких рассказах как уже понятные и знакомые. Так постепенно выстраивается вся грамматическая парадигма».

На этом уроке мы изучаем глаголы *гулять, работать, жить, играть* в разных формах. Не ожидайте, что ученики сразу все запомнят и выучат, наберитесь терпения. Нужно повторить эти фразы и слова несколько раз (примерно около 20 раз), чтобы ученики выучили их.

### Чтение и письмо
### (РАБОЧАЯ ТЕТРАДЬ, С.10)

Ученики рассматривают картинки. После этого читают предложения и соединяют их с картинками.

**Ответы на задания.**
1. Они работают на почте.
2. Мы живём в доме.
3. Вика сидит на стадионе.
4. Девочки читают в библиотеке.
5. Мальчики в кинотеатре.
6. Дерево стоит в парке.

### Окончание урока

Игра «Кто? Какой? Что делает?». Эта игра уже знакома ученикам, они играли в нее на Занятии 1 Урока 10 Сороки 1 (Книга для учителя 1, с. 37).

У каждого ученика есть чистый лист бумаги. Наверху они пишут ответ на вопрос «Кто?». Это может быть любое имя: Мурка, Маша, Аня, Вова, или имена кого-нибудь из семьи или из класса. Ученики заворачивают верхнюю строчку и передают листок соседу. Сосед не знает, что написано сверху, и должен написать ответ на вопрос «Какой?». Это могут быть любые прилагательные, которые ученики уже изучали: большой, зеленый, длинный, и т.д. Когда слово написано, надо снова завернуть лист, чтобы не видно было, что написано, и передать листок следующему участнику (или вернуть соседу). Сосед не видит написанного и пишет действие: читает, бежит, спит, ест и т.д. Потом все раскрывают записки и читают ответы вслух.

## ❸ Занятие

*На этом занятии мы изучаем:*

больше глаголов в разных лицах, сочетаем их с существительными в предложном падеже: что делают + где?

*Слова:*

Гуляю, женщина, женщины, живём, живёт, играет, квартира, квартире (в), мужчина, мужчины, на дереве.

### Повторение/разминка

Игра «Угадайка». Учитель зажимает в руке несколько спичек или мелких предметов. Ученики не знают точно количество и должны угадать. Они по очереди вслух называют предполагаемое число спичек. (Эта игра уже знакома ученикам, см. Книга для учителя 1, с. 42).

### Основная часть урока
(УЧЕБНИК, С.11)

Учитель вместе с учениками рассматривает картинки и читает к ним подписи. Следующий этап – учитель читает предложение, ученики показывают на картинку. Заключительный этап – учитель показывает картинку, ученики говорят, что на ней нарисовано (не читают, а говорят).

Попросите учеников менять предложения, подставлять другие слова в предложения из учебника, например, со страницы 11 Учебника, новые варианты могут быть такими:
• Она живёт в этом доме.
• Женщина работает в парке.
• Девочки живут в этой квартире.
• Я сижу в парке. И т.д.

### Чтение и письмо
(РАБОЧАЯ ТЕТРАДЬ, С.11-12)

С. 11. Ответы на задания: живу, читаю, гуляют, работает, сидит.

С. 12. Ответы на задания:

Где работает мужчина? – Мужчина работает в парке.

Где мы живем? - Мы живем в этом доме.
Где мы гуляем? - Мы гуляем в парке.
Кто играет на стадионе? - Мальчики играют на стадионе.
Кто живёт в этой квартире? - Я живу в этой квартире.
Где работает женщина? - Женщина работает в магазине.

### Окончание урока
(УЧЕБНИК, С. 12)

Ученики читают вслух номера телефонов из Учебника. После этого можно сделать диктант из номеров: учитель или один из учеников читает вслух номера, остальные их записывают.

В заключительной части урока учитель пишет на доске цифры, ученики их называют.

Это важное упражнение для того, чтобы ученики запоминали имена вразбивку, а не по порядку. Для англоязычных учеников обратите особое внимание на числа 12, 19 и 20. Англофоны их трудно различают.

## ГЛАВА 4

### 1 Занятие

*На этом уроке мы изучаем:*

Отвечаем на вопрос Куда?
Сравниваем Куда? и Где?
Винительный падеж существительных мужского и женского рода.

*Слова:*

библиотеку, почту, улица, улице, улицу, школу.

### Повторение/разминка

Пригласить двух учеников выйти перед классом и попросить представиться. Ученики говорят Меня зовут Люси, мне семь лет, Меня зовут Пол, мне девять лет. Учитель показывает на учеников и говорит Её зовут Люси, ей семь лет», Его зовут Пол, ему девять лет». Потом ученики спрашивают у своего соседа Как тебя зовут? Сколько тебе лет?, после этого рассказывают другим про своего соседа, как его/её зовут, сколько ему/ей лет.

### Основная часть урока
(УЧЕБНИК, С. 13).

Учитель рассматривает картинку вместе с учениками. Показывает школу, говорит *Вот школа*. Показывает на цветочный магазин, говорит *Вот магазин*. Показывает почту и говорит *Вот почта*. Показывает улицу и говорит *Вот улица*. После этого показывает на людей, изображенных на картинке: *Вика идёт в школу. Папа идёт на почту. Бабушка идёт в магазин. Дети идут в парк. Дети идут в библиотеку.*

После этого учитель спрашивает учеников *Где Вика? Вика в школе?*

Ученики отвечают *Вика не в школе, Вика на улице*. То же про папу и про бабушку. *Бабушка не в магазине, она на улице, она идёт в магазин. Папа не на почте, он на улице, он идёт на почту.* После этого учитель говорит ученикам, что когда мы называем направление, то мы отвечаем на вопрос *Куда?*, а когда мы называем место, то мы отвечаем на вопрос *Где?* Когда вы еще идёте, то вы идёте *Куда?*, а когда уже дошли, уже на месте, тогда будет *Где?*

После этого учитель может написать на доске слово *Где?* И рядом подписать *в парке, в школе, в магазине, в кинотеатре и т.д.* Еще раз подчеркнуть, что человек или предмет уже там.

Далее учитель пишет на доске слово *Куда?* Рядом пишет ответ на этот вопрос, и разносит слова в два столбика. Первый столбик: в парк, в кинотеатр, в магазин. Второй столбик: в библиотеку, в школу, на почту, на улицу.

Учитель может спросить у учеников, почему при ответе на вопрос *Куда?* Некоторые слова меняются, а некоторые нет. Ученики должны ответить, что меняются только слова, оканчивающиеся на букву А. Остальные слова, не меняются.

Пожалуйста, обратите внимание на то, что все слова во всех падежах надо проговорить с учениками много раз, чтобы они запомнили речевую ситуацию, а не правило. Правило будет легко вывести в самом в конце, когда все слова уже выучены. Оно будет итогом урока.

Если ученикам сложно запомнить куда какую букву ставить, можно подсказать, что если спрашиваем *Где?*, то в конце стоит Е, как в вопросе. Если спрашиваем *Куда?*, то меняем последнюю букву А на У. Эти буквы есть в слове *Куда?*, и А как раз стоит последней.

### Чтение и письмо
(РАБОЧАЯ ТЕТРАДЬ, С. 13–14)

С. 13. Задай вопрос «*Где?*» или «*Куда?*» Ответы на задание:

Мама идет в магазин. *Куда* идёт мама?
Вика в школе. *Где* Вика?
Денис и Маша идут в магазин. *Куда* они идут?
Бабушка гуляет в парке. *Где* гуляет бабушка.
Мальчики в кинотеатре. *Где* мальчики?
Девочки идут на стадион. *Куда* идут девочки?
С. 14. Допиши буквы *У* или *Е*, если надо.

Ответы:
Мальчики идут на стадион. Бабушка идёт на почту. Вика и Маша в кинотеатре. Денис в школе. Мама и Вова идут в библиотеку. Дети гуляют в парке. Мужчина работает в магазине.

### Окончание урока

**Игра с буквами.** Можно разделить класс на команды, дать командам названия. Учитель достает карточку с буквой. Ученики называют букву. Затем каждая команда придумывает слова, начинающиеся с этой буквы. Учитель записывает эти слова на доске под названием команды. Можно так сделать с двумя-тремя буквами. Играйте, пока есть время.

## ❷ Занятие

**На этом уроке мы изучаем:**

Счет от 21 до 100.

**Слова:**

Ошейник, адрес, телефон, тридцать, сорок, пятьдесят, шестьдесят, семьдесят, восемьдесят, девяносто, сто.

### Повторение/разминка

Вам понадобятся часы, на которых можно передвигать стрелки. Называйте ученикам время, они должны поставить правильно стрелки на часах, либо нарисуйте на доске циферблат часов без стрелок, ученики по очереди рисуют на циферблате нужные стрелки.

### Основная часть урока
(УЧЕБНИК, С. 14)

Учитель читает комикс «Ошейник». Ученики за ним повторяют. Обратите внимание на картинку 2, на ошейнике есть надпись *Меня зовут Атос*.

Слова *ошейник, адрес и телефон* - новые для учеников. Хотя эти слова и встречаются впервые, автор полагает, что ученики без проблем догадаются об их значении.

Попросите учеников повторить фразы из комикса несколько раз, постепенно увеличивая темп.

(УЧЕБНИК, С.15)
Учебники закрыты. Учитель считает вслух от 21 до 29. Учитель второй раз считает от 21 до 29, ученики за ним повторяют. Учитель пишет на доске эти числа цифрами (не словами!), ученики произносят числа вслух. После этого учитель показывает на числа в любой последовательности, ученики должны их назвать.

Учебники открыты на с. 15. Учитель называет вслух числа 30, 40, 50, 60, 70, 80, 90 и 100. Учитель называет эти числа еще раз, ученики за ним повторяют.

Учитель пишет на доске числа от 31 до 39 и называет их. Объясняет ученикам, что эти слова образуются точно также, как и числа от 21 до 29. Учитель еще раз показывает на эти числа в любой последовательности, ученики должны их назвать.

Посмотрите с учениками на картинку в учебнике с лотереей. Назовите вместе с учениками выигравшие номера.

### Окончание занятия
(УЧЕБНИК, С.15)

Ученики читают задание в нижней части страницы и выполняют его.

### Ответы на задание:

1. Тринадцать и шесть = 19
2. Четырнадцать и шестнадцать = 30
3. Тридцать и семнадцать = 47
4. Двадцать и сорок = 60
5. Пятнадцать и три = 18
6. Сорок и пятьдесят = 90

## ❸ Занятие

*На этом уроке мы изучаем:*

Адрес.

*Слова:*

Числа до ста.

### Повторение/разминка

Игра «Что ты делаешь?». Один ученик загадывает (и говорит учителю, что он загадал), а остальные должны задавать вопросы: Ты читаешь? Ты читаешь книгу? Ты читаешь письмо? И догадаться, что он делает. Подскажите ученикам, что надо в предложении должно быть действие и предмет: «Я читаю книгу», «Я пью воду».

### Основная часть урока

Учитель называет числа десятками от 30 до 100, ученики повторяют за учителем.
Учитель пишет на доске числа от 21 до 100 (цифрами, не прописью) в случайном порядке, например, 38, 56, 44, 87, 23 и т.д., ученики называют числа.

### Чтение и письмо
(РАБОЧАЯ ТЕТРАДЬ, С. 15-16)

С. 15. Учитель и ученики вместе рассматривают картинку в рабочей тетради и называют числа и предметы вслух. Нужно проговаривать все предложение полностью Номер шестьдесят семь - мяч. После того, как упражнение сделано устно, его можно выполнить в рабочей тетради.

Ответы:
1. Номер шестьдесят семь - мяч.
2. Номер девяносто два - собака.
3. Номер пятьдесят девять - машина.
4. Номер семьдесят пять - лодка.
5. Номер двадцать один - самолёт.
6. Номер восемьдесят три - кукла.
7. Номер сорок шесть - книга.
8. Номер тридцать три - слон.
9. Номер девятнадцать - зонт.

С. 16. Ученики пишут свой адрес в Рабочей тетради на с. 16, а потом дописывают его на титульном листе Рабочей тетради.
Учитель вместе с учениками читают текст на с. 16, находят дома, в которых живут герои и подписывают под ними имена.

### Окончание урока
(УЧЕБНИК, С. 16)

Возможны два варианта работы по картинкам. Первый вариант работы в группе. Один из участников называет адрес, например, улица *Школьная, 99*. Другие участники говорят *библиотека*. И так далее.

Второй вариант. Один участник называет объект с картинки, например, *кинотеатр*. Другие участники называют его адрес: *ул. Морская, 63*.

Все адреса:

1. школа, ул. Школьная, 35
2. библиотека, ул. Школьная, 99
3. кинотеатр, ул. Морская, 63.
4. парк, ул. Садовая, 58.
5. магазин, ул. Главная, 79.

## ГЛАВА 5

### ❶ Занятие

**На этом уроке мы изучаем:**

направление движения, спрашиваем, как пройти в нужном направлении.

**Слова:**

налево, направо, прямо, стой, пройти, повернуть, поверни.

#### Повторение/разминка

Учитель задает ученикам вопросы. Что ты любишь делать? Ты любишь играть в парке? Ты любишь читать? Ты любишь бегать? Ученики отвечают.

#### Основная часть урока
(УЧЕБНИК, С. 17)

Книги закрыты. Учитель стоит перед детьми и говорит *Я иду прямо* (идёт прямо), потом говорит *Я иду направо* (поворачивает направо), *Я иду налево* (поворачивает налево). Снова делает те же движения, ходит по комнате, называет вслух направления движения, теперь дети подключаются, повторяют за ним несколько раз. После этого повторяют новые слова все вместе, темп постоянно увеличивается. Когда слова отработаны в группе (хором), дети готовы произнести новые слова по очереди по одному.

Выберите одного из учеников. Давайте ему направление движения *Иди прямо! Стой!* Ученик выполняет ваши команды, остальные ученики повторяют слова за вами.

Теперь ученики могут открыть Учебник на с. 17 и прочитать слова в верхней части страницы учебника.

Теперь рассмотрите вместе с учениками нижнюю часть страницы. Найдите Вику, спросите *Где Вика?* Найдите на картинке и назовите библиотеку, школу, магазин, кинотеатр, парк. Повторите вместе с учениками эти слова. После этого скажите *Я иду в магазин! Я иду направо, потом налево, потом прямо, потом налево, еще раз налево. Я в магазине!* Ученики следят за вашими действиями на картинке. После этого выберите другое направление, например, кинотеатр. Попросите детей подсказывать вам, куда нужно двигаться. Пусть они вам говорят *Идите прямо! Идите налево.*

#### Чтение и письмо
(РАБОЧАЯ ТЕТРАДЬ, С. 17)

Задание 1 «Иди к реке!». Здесь встретиться новое слово поверни. Логически дети должны понять, что оно обозначает. Рассмотрите картинку, расскажите вместе с учениками устно куда нужно поворачивать. После этого можно сделать упражнение письменно. Цель упражнения - научиться писать правильно новые слова урока.

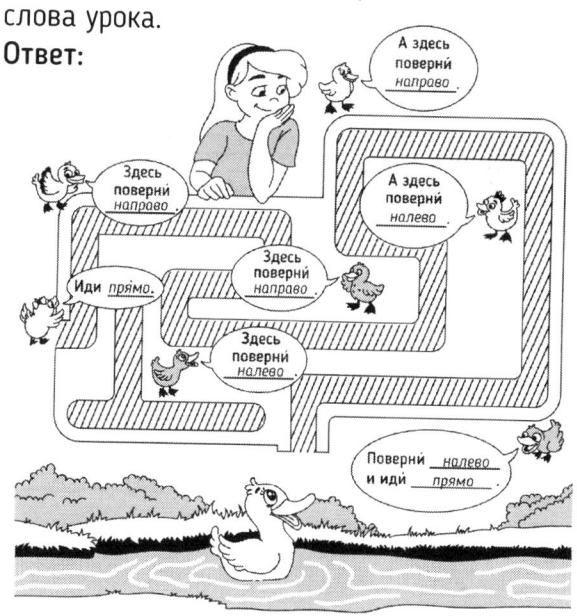

**Ответ:**

Задание 2 «Найди слова по теме «Лицо».

**Ответ:** глаз, волосы, ухо, нос, лицо, глаза, рот, уши.

#### Окончание урока

Повторите числа до 100. Учитель называет число, ученики записывают. После того, как записали несколько чисел, ученики читают числа вслух. Другой вариант этой работы - командные задания. Группа делится на две или три команды, один человек из команды записывает числа под диктовку, потом другой член команды эти цифры читает. Побеждает команда, которая записала и прочитала все числа без ошибок.

## ❷ Занятие

*На этом уроке мы изучаем:*

формулы вежливости при разговоре о направлении движения. Название помещений в доме. Употребление существительных в родительном падеже (неодушевлённых).

*Слова:*

кухня, спальня, гостиная, туалет, ванная, гараж, чердак, балкон, подвал, крыша.

### Повторение/разминка

### Основная часть урока
(УЧЕБНИК, С. 18-19)

Учитель читает комикс вслух. Читает всю фразу целиком. Здесь только одно новое слово пройти, но его значение легко понятно из контекста. Потренируйте фразы из диалогов, спросите у учеников, как можно пройти в каком-либо направлении. Можете использовать рисунки в Учебнике на с. 16. Отработайте устными упражнениями фразы из диалога.

Учебники открыты на с. 19. Рассмотрите вместе с учениками картинку с домом. Называйте вслух все помещения в доме, ученики повторяют за вами хором. После того, как вы повторите все новые слова вместе, ученики повторяют их по одному. Увеличивайте темп. Сначала показывайте комнаты по порядку, как они нарисованы на картинке, потом указывайте на них в случайном порядке, ученики их называют.

### Чтение и письмо
(РАБОЧАЯ ТЕТРАДЬ, С. 18-19)

Задание 3.
**Ответы:** 1. Скажите, пожалуйста, как пройти на стадион. 2. Поверните налево, потом идите прямо. 3. Кошка на улице, она идёт домой. 4. Вика и Максим сейчас в библиотеке, потом они пойдут в парк.

Задание 4.
Ответы на задание.

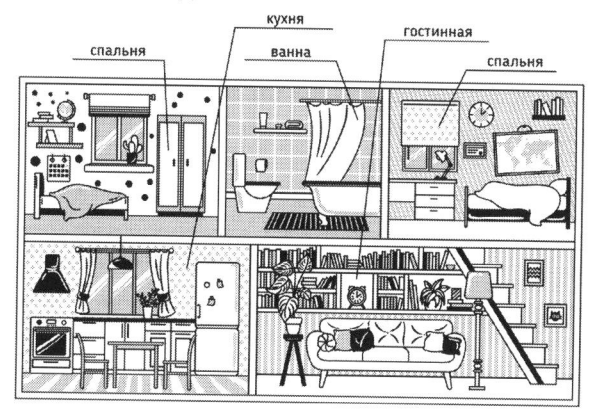

*(спальня, ванна, гостинная, спальня, кухня)*

### Окончание урока

Попросите учеников выйти перед классом и показать жестами (без слов) названия помещений в доме, которые они сегодня выучили. Например, показать, что ученик моет лицо и руки – это ванная. Читает книгу – это гостиная. Зевает и спит – спальня. Разбивает яйца и делает пирог – это кухня.

## ❸ Занятие

*На этом уроке мы изучаем:*

> предложный и винительный падеж имен существительных, направление движения, слова, описывающие помещения в доме в разных падежах.

*Слова:*

> чердаке (на), крыше (на), балконе (на), спальне (в), туалете (в), ванной (в), кухне (на), гостиной (в), гараже (в), подвале (в), спальню (в), кухню (в), гостиную (в), крышу (на).

### Повторение/разминка

Поиграйте в игру «Крокодил» с новыми словами: кухня, гостиная, гараж, спальня и т.д.

### Основная часть урока
(УЧЕБНИК, С. 19)

Учитель рассматривает картинку вместе с учениками. Показывает на картинке помещения в доме и называет их словами: *Вот гараж, вот балкон, вот спальня*. Потом показывает на картинке героев и говорит *Папа в гараже. Дедушка на кухне. Мама в спальне.* Дети сначала слушают, потом повторяют за учителем. Потом учитель задает вопросы из Учебника, со с. 19. *Где мама? Где дедушка? Куда идёт кошка?* Ученики отвечают на вопросы. Можно задавать вопросы со словами, которые ученики уже знают: *Где стол? Где машина? Где коробка? Где мяч? Где стул?* И так далее.

Второй этап работы, ответ на вопрос *Куда?* Задавайте вопросы ученикам по картинке *Куда идёт кошка? - Кошка идёт на улицу. Мама идёт на балкон? - Нет, мама не идёт на балкон. Дедушка идёт в гараж? - Нет, дедушка не идёт в гараж.* Если ваши ученики легко справляются с этим заданием, то можете его усложнить. *Мама не идёт на балкон, мама сидит в спальне. Дедушка не идёт в гараж, дедушка сидит на кухне.*

И так далее.

### Чтение и письмо
### (РАБОЧАЯ ТЕТРАДЬ, С. 19-20)

С. 19. Задание 5.
**Ответы:**
1. Мама в гостиной. 2. Папа на кухне. 3. Аня в ванной. 4. Вова и Максим в спальне.

С. 20. Задание: «Правильно или нет?»

1. Бабушка идёт в библиотеку. - неправильно. Бабушка идёт в магазин.
2. Папа идёт в парк. - неправильно. Папа идёт на почту.
3. Вика идёт в школу. - правильно.
4. Мы идём на стадион. - Возможны два варианта ответа: Мы идём в парк. Мы идём на стадион.
5. Мы идём в библиотеку. - правильно
6. Максим идёт на почту. - неправильно. Максима нет на картинке.
7. Мама идёт в магазин. - неправильно. Мамы нет на картинке.

### Окончание урока

Игра «Прятки в замке. Привидение и туристы».
Правила игры. Один игрок - привидение. Остальные - туристы, осматривают замок. Привидение загадывает комнату в замке, где оно прячется (пишет на карточке).
Туристы ходят по замку, по дороге называют комнаты, в которых они находятся (Я на кухне) и в которые они собираются идти (Я иду на кухню). В одной комнате может быть несколько туристов.

Когда все туристы разошлись по комнатам, привидение пугает тех, кто у него в комнате, кричит громким голосом А!
Подготовка к следующему уроку. На следующем уроке у вас контрольная, сделайте достаточное количество копий для урока.

На Урок 6 вам понадобится календарь.

## ГЛАВА 6

### ❶ Занятие

*На этом уроке мы изучаем:*

дни недели.

*Слова:*

неделя, понедельник, вторник, среда, четверг, пятница, суббота, воскресенье, день недели, сегодня, вчера, завтра, был, было, была, были.

### Повторение/разминка

Попросите учеников выйти перед классом и показать жестами (без слов) названия помещений в доме, которые они сегодня выучили. Например, показать, что ученик моет лицо и руки - это ванная. Читает книгу - это гостиная. Зевает и спит - спальня. Разбивает яйца и делает пирог - это кухня.

### Основная часть урока
### (УЧЕБНИК, С. 21)

Учебники открыты. Учитель показывает на картинку на с. 21 и читает вслух *понедельник, вторник, среда, четверг, пятница, суббота, воскресенье*. Ученики сначала слушают учителя. Учитель читает эти слова второй раз, ученики начинают повторять за учителем. После этого учитель спрашивает учеников, как они думают, что это за слова? Можно подсказать ученикам, что страница в учебнике выглядит, как страница календаря. После того, как ученики высказали свои предположения, учитель должен похвалить за правильные ответы. Отработайте новые слова.

Обратите внимание учеников, что названия дней недели всегда пишутся с маленькой буквы. Если Вы работаете в англоязычных странах, то обратите внимание учеников, что неделя начинается с понедельника, а не с воскресенья. Повторите название дней недели несколько раз. Потом покажите на весь столбик с днями недели и скажите *неделя*. Ученики должны повторить за вами несколько раз новое слово. Спросите у учеников, догадались они или нет, что означает слово *неделя*.

Далее учитель показывает на любой день календаря, например, на среду, и говорит *Среда - это день недели. Суббота - это день недели*. Ученики уже знают слово *неделя* и смогут понять словосочетание *день недели*. (Здесь встречается родительный падеж, который ученики еще не проходили. Поэтому надо просто запомнить это словосочетание).

Учитель показывает на настоящий календарь и спрашивает *Какой сегодня день недели?* Ученики отвечают по-русски. Далее учитель показывает на вчерашний день и очень медленно спрашивает *Какой день был вчера?* В этом предложении есть два незнакомых слова: *вчера* и *был*. Но по действиям учителя, по календарю ученики должны догадаться, о чем вы спрашиваете и ответить на вопрос. Желательно, если они ответят по-русски, но в этом случае им можно ответить и на их родном языке. В этом случае, при наличии двух незнакомых слов, они должны понять всю фразу.

Учитель показывает на завтрашнее число на календаре и спрашивает *Какой день будет завтра?* Похожая ситуация уже была. В целом она понятна, но есть два новых слова, о значении которых легко догадаться. Отработайте слова *вчера, сегодня, завтра*, а также словосочетание *день недели*.
Глагол *быть* в прошедшем времени различается по родам и числам: *был, была, было, были*. Слово *были* учить еще рано, сначала надо дать ученикам время разобраться с единственным числом. Здесь принцип простой, так же, как и в других местах, где надо определить род, надо смотреть на последнюю букву в слове. Такие слова, как *среда, суббота, пятница*, женского рода, употребляются со словом *была. Вчера была пятница*. Слово

*воскресенье* - единственное слово среднего рода в этом ряду. *Вчера было воскресенье*. Остальные слова - мужского рода, употребляются со словом *был*. *Вчера был понедельник. Вчера был вторник. Вчера был четверг*. Получается три слова женского рода, три слова мужского и одно - среднего.

**Чтение и письмо**
**(РАБОЧАЯ ТЕТРАДЬ, С.21)**

Задание 1. Кроссворд.

Задание 2.
Нижняя часть страницы. Выбрать нужные слова из рамки: был, была, было.

**Ответы:**
Вчера было воскресенье.
Вчера был понедельник
Вчера была среда
Вчера была пятница.
Вчера был вторник.
Вчера была суббота.
Вчера был четверг.

Задание 3.
**Ответы:**
пятница, лицо, восемнадцать, конец, двадцать, улица.

**Окончание урока**

Напишите на доске названия дней недели в случайном порядке, можно написать одно и то же слово несколько раз. Пригласите учеников выйти к доске. Называйте им слово,

они должны его найти на доске и обвести. Аналогично игре «Гонки за буквами», которая описана в Сороке 1.
Можно разделить игроков на команды и устроить командные соревнования.

## ❷ Занятие

***На этом уроке мы изучаем:***

составляем план, что мы будем делать.

***Слова:***

прививка, прививки, прививку щенку, среду (в), вторник (во), пойти в клинику, можешь.

### Повторение/разминка

Задайте ученикам вопрос Где ты живёшь?

### Основная часть урока
(УЧЕБНИК, С. 22)

Комикс. Учебники открыты. Учитель читает вслух комикс и объясняет новые слова. После этого читает его еще раз, ученики повторяют за учителем фразы.

Используя фразы из учебника, учитель вместе с учениками составляют план, говорят о том, что они будут делать, например, *В среду в 5 я в библиотеке. Во вторник в 1 час я в парке.* Можно поговорить с учениками о прошедшем, используя новые слова *был, была, было. Папа был на почте, мама была в магазине, бабушка была на кухне.* И т.д.

### Чтение и письмо
(РАБОЧАЯ ТЕТРАДЬ, С. 22)

Задание 4.
**Ответы:**
- Сегодня вторник.
- Завтра будет среда.

- Вчера была суббота.
- Сегодня воскресенье.

- Завтра будет вторник. (или Завтра вторник).
- Сегодня среда.

Задание 6.
**Слова:** облако, река, самолёт, дерево, дом.

### Окончание урока

Игра с предметами на запоминание и повторение. У учителя на столе лежит несколько предметов, ученики знают их названия. Например, кукла, книга, карандаш, тетрадь, линейка. Учитель показывает и называет предметы. После этого накрывает свой стол листом бумаги или газетой, чтобы предметов было не видно. Ученики должны назвать что лежит на столе.

### ❸ Занятие

*На этом уроке мы изучаем:*

расписание уроков

*Слова:*

пятницу (в), субботу (в), рисование, математика, музыка, география, литература, история, плавание, природоведение, физкультура, урок, какой урок.

#### Повторение/разминка

Попробуйте составить анаграммы из слов, обозначающих дни недели. Например, КНЕЛДЬЕПИНО (понедельник), ТРОВКИН (вторник), ДАРЕС (среда), ТЕВРЕГЧ (четверг), ЦИНАТЯП (пятница), ББУСАТО (суббота), СЬЕВЕРОКСЕН (воскресенье).

#### Основная часть урока
(УЧЕБНИК, С. 23)

Учебники открыты. Посмотрите вместе с учениками на картинку, спросите, как они думают, что здесь нарисовано. Похвалите за правильный ответ. Рассмотрите расписание уроков Вики. Прочитайте дни недели, посмотрите на часы, скажите который час показан на часах. Затем вернитесь к верхней строчке, где написаны дни недели в винительном падеже. Прочитайте их вслух вместе с предлогами. Далее возможны два варианта.

1. **Грамматический.** Объясните ученикам разницу, что когда мы просто называем день недели, например, в вопросе *Какой сегодня день недели?* То ответ будет простой: *среда, пятница, суббота, понедельник*. Когда мы говорим о планах, или о расписании, когда день недели идет со словом в (во), тогда некоторые слова меняются. Меняются только те слова, которые заканчиваются на а (*среда, суббота, пятница*).

2. **Коммуникативный подход,** когда формы слов просто заучиваются без особых объяснений, просто как новые слова.

После того, как ученики рассмотрели все детали описания, можно переходить к самим предметам. Можно взять настоящее расписание учеников в их школе и перевести его на русский язык, поговорить о нем, используя приведенные образцы.

Отработайте новые слова урока, повторите их несколько раз хором, затем по цепочке.

Рассмотрите расписание Вики и ответьте на вопросы в нижней части страницы.
**Ответы:** 1.Нет, 2.Да, 3.Нет, 4.Да, 5.Да.

### Чтение и письмо
### (РАБОЧАЯ ТЕТРАДЬ, С.23-24)

**Задание 6.** Ученики записывают свое расписание уроков в Рабочей тетради.

**Задание 7.** Ответы готовы, надо придумать к ним вопросы. Вопросы могут быть разными, главное, чтобы они были на русском языке. Это задание только выгляди таким простым. На самом деле оно требует хорошего понимания текста.

Вот примерные вопросы к готовым ответам.
1. *Куда идет бабушка?* Бабушка идёт в магазин.
2. *Какой урок у тебя в два часа?* В два часа у меня математика.
3. *Какой урок у тебя в среду?* В среду у меня математика.
4. *Что ты делаешь в субботу?* В субботу я иду на стадион.
5. *Где ты живёшь?* Я живу в этом доме.
6. *Куда вы идёте?* Мы идём в библиотеку.
7. *Что ты делаешь в понедельник?*
*Куда ты идёшь в понедельник?* В понедельник я иду в школу.

### Окончание урока
### (УЧЕБНИК, С. 24)

Игра на чтение «Полёт на Марс». Ученики выбирают себе ракету и называют её цвет. Можно поставить фишки в нижней части страницы. Участники игры ходят по очереди, читают вопрос и дают на него ответ. Если ответ правильный, игрок двигает свою фишку на следующее поле. Если ответ не правильный, игрок остается на месте. Тот, кто доберется до Марса первым – выигрывает.

**Подготовка к следующему уроку:**
Подготовьте картинки со знакомыми предметами, разрежьте их на части.

# ГЛАВА 7

## ❶ Занятие

**На этом уроке мы изучаем:**

как выразить своё мнение.

**Слова:**

как ты думаешь? Я думаю. Думаешь, думаю.

### Повторение/разминка

Повторяем слово как: Как дела? Как тебя зовут? Учитель задает детям вопросы Как дела? И Как тебя зовут? Как её зовут? Как его зовут? Ученики отвечают. Потом они задают эти вопросы друг другу.

### Основная часть урока
### (УЧЕБНИК, С. 25)

Книги закрыты. У учителя на столе лежат предметы, название которых ученики уже знают. Это может быть книга, мяч, самолет, карандаш и т.д. Вместо предметов можно использовать картинки. Некоторые картинки можно разрезать так, чтобы на них была видна только часть предмета. Учитель показывает картинку с мячом и говорит *Это мяч?* Ученики отвечают *Да, это мяч.* Учитель перебирает все предметы и задает ученикам вопросы *Что это? Это _____?*

После того, как вы повторите с учениками название всех предметов, можно показывать разрезанные картинки и спрашивать *Как ты думаешь, что это? Как ты думаешь, это мяч?* Ученики еще не знакомы со словосочетанием *как ты думаешь?* Задавайте им вопросы, перебирая снова все предметы или картинки. Пусть они отвечают на вопросы *Да, это мяч. Нет, это не мяч.* Спросите учеников, что означает словосочетание *Как ты думаешь?* Если ученики догадались, то похвалите их. Если они не догадались, то подскажите им.

После этого тренируем произношение новой фразы: попросите детей повторять за вами сначала хором. Затем ученики задают вопрос *Как ты думаешь?* Друг другу по цепочке, показывая на разные предметы.

Откройте учебники на с. 25. Покажите на Ивана на с. 25. Скажите *Это Иван. Он идёт....* (сделайте паузу). *Он идёт домой? Он идёт в кино? Как ты думаешь, куда идёт Иван?* Ученики отвечают на вопрос, высказывают своё мнение по поводу того, куда идёт Иван.

Рассматривайте картинки вместе с учениками, задавайте им вопросы из учебника, повторяйте словосочетание *Как ты думаешь?*

Когда ученики уверенно произносят и употребляют фразу *Как ты думаешь?* Им можно объяснить значение словосочетания *Я думаю...* Повторить эти слова несколько раз хором, а потом по одному. Отработать в парах вопрос-ответ *Как ты думаешь? - Я думаю...*
**Например:** *Как ты думаешь, бабушка пьёт чай или кофе? - Я думаю, бабушка пьёт чай.*

В данном задании не может быть стандартных ответов, потому что ученики высказывают своё мнение. Можно задавать шутливые вопросы, дети любят посмеяться.

### Чтение и письмо
### (РАБОЧАЯ ТЕТРАДЬ, С. 25-26)

Задание 1. Сделайте упражнение сначала устно. Ученики читают предложения и вставляют нужные по смыслу слова. Все предложения надо хорошо проговорить, тогда детям будет проще вставить нужные слова. Обратите внимание на то, что в этом задании не может быть стандартных ответов, т.к. здесь ученики высказывают своё мнение.

**Ответы:**
1. Как ты *думаешь, Олег был вчера в школе?* - *Я думаю был./ Я думаю не был.* 2. Как ты думаешь, где они *были?* - *Я думаю,* они были в магазине. 3. Как ты думаешь, где *была* Аня? - *Я думаю, Аня была в библиотеке.* 4.

Как *ты* думаешь, *куда* идёт Иван. - Я *думаю*, Иван идёт *на стадион*. 5. Как ты думаешь, Денис *будет есть* мороженое? - Да, думаю, что будет, он *любит мороженое*. 6. Как *ты думаешь*, бабушка будет *сидеть* здесь завтра? - Я *думаю, что да, будет*. Она здесь сидит каждый день.

Задание 2. Это задание - продолжение предыдущего. Если ученики запомнили героев предыдущего предложения, то они могут просто вставить слова из рамки так, как это было на с. 25. Но это совершенно не обязательно. Ученики могут составить свои ответы, пусть они даже будут смешными, но они должны быть правильны с грамматической точки зрения. Глаголы в прошедшем времени надо согласовать с существительными.

Примерные варианты ответов:
1. Бабушка будет сидеть в парке.
2. Иван идёт на стадион.
3. Мама и папа были в магазине.
4. Олег не был в школе.
5. Аня была в библиотеке.
6. Денис будет есть мороженое.

### Окончание урока

Повторите числа до 100. Напишите на доске числа в случайном порядке или покажите карточки с числами. Называйте число, ученики должны показать его. Вторая часть задания - учитель показывает число, но не называет. Ученики должны назвать это число по-русски.

## ❷ Занятие

*На этом уроке мы изучаем:*

как заполнить бланк.

*Слова:*

(в) клинике, здравствуйте, конечно, заполните, кличка собаки, кабинет

### Повторение/разминка

Поговорите с учениками про заполнение форм и бланков. Когда их нужно заполнять, для чего это нужно. Спросите, где они видели бланки, как их заполняют их родители. Спросите, видели ли они какие-то документы, заполненные в больнице, в школе, на почте, в банке, может быть, даже дома. Попросите их придумать вопросы для бланка ветеринара. Запишите эти вопросы на родном языке детей на доске. Обратите внимание на то, чтобы там были вопросы Кличка животного (собаки), возраст, адрес. Т.е. те вопросы, которые вам сегодня встретятся в диалоге урока.

### Основная часть урока
(УЧЕБНИК, С. 26)

Перед началом чтения и работы с диалогом, спросите у учеников, о чем был диалог на прошлом уроке (Учебник, с. 22). Напомните, что Маша должна была идти в клинику делать прививку щенку. На этой странице учебника она уже в клинике (в ветлечебнице). На первой картинке она стоит перед дверью клиники вместе с собачкой. Далее комментируйте вслух ее действия и читайте вслух реплики героев. Читайте вслух, одновременно объясняя ситуацию и новые слова. Детям все должно быть понятно.

После того, как вы прочитали диалог один раз, читайте снова. На этот раз ученики повторяют за вами предложения хором, все вместе. Прочитайте диалог несколько раз вслух, ученики должны повторять за вами. После этого ученики могут читать диалог самостоятельно.

## Чтение и письмо

Дополнительное, но необязательное задание: Вы можете потренировать заполнение бланков. Составьте их сами перед уроком, либо спросите детей, о чем они могут спросить кого-нибудь, сказочного персонажа, например. Или, как сказочный персонаж может ответить на их вопросы.

(РАБОЧАЯ ТЕТРАДЬ, С. 26-27)

С. 26. Задание 3.

**Ответы:**

| Имя | Номер квартиры | Что Любит |
|---|---|---|
| Олег | 29 | мороженое |
| Антон | 56 | кино |
| Иван | 73 | футбол |

С. 26. Задание 4.

**Ответы:** пятница, понедельник, среда, воскресенье, четверг, суббота, вторник.

С. 27. Задание 5.

Варианты ответов могут отличаться, так как дети пишут своё собственное мнение.

### Окончание урока
(УЧЕБНИК, С. 16)

Повторение Урока 4.
Два варианта работы по картинкам.
**Первый вариант** работы в группе. Один из участников называет адрес, например, улица *Школьная, 99*. Другие участники говорят *библиотека*. И так далее.
**Второй вариант.** Один участник называет объект с картинки, например, кинотеатр. Другие участники называют его адрес: ул. *Морская, 63*.

Все адреса:

1. школа, ул. Школьная, 35
2. библиотека, ул. Школьная, 99
3. кинотеатр, ул. Морская, 63.
4. парк, ул. Садовая, 58.
5. магазин, ул. Главная, 79.

## ❸ Занятие

*На этом уроке мы изучаем:*

как рассказать о человеке.

*Слова:*

(живёт) по адресу.

### Повторение/разминка

1) Описание лица человека. Повторяем Урок № 1. Учитель показывает на картинку № 1 и говорит: «Я номер один». Далее учитель читает текст, а ученики показывают на картинке то, что он читает: *У меня большой нос. У меня большой рот. У меня маленькие глаза. У меня маленькие уши.*

2) Такое же задание с рисунком № 2. (Маленький рот, большой нос, большие глаза, маленькие уши).

3) Можно приступать к тренировке монологической речи учеников. Учитель предлагает им выбрать одну из картинок и описать ее, используя 3 лицо: у него большие уши, у него маленькие глаза и т.д.

### Основная часть урока
(УЧЕБНИК, С. 27)

Упражнение на чтение. Нужно прочитать предложения и подобрать к ним картинки. Ученики должны самостоятельно прочитать задание. Возможны два варианта работы. Первый - ученики читают по одному предложению и называют, к какой картинке оно относится. Второй вариант - ученики читают все предложения, потом рассматривают картинки и называют ответы. В предложении 3 ученикам встретится форма *по адресу*, которую они еще не проходили, но о значении которой легко догадаться по смыслу.

**Ответы:** 1а; 2б; 3в; 4д; 5г.

### Чтение и письмо
(РАБОЧАЯ ТЕТРАДЬ, С.28)

**Задание 6.** Покажите ученикам написание буквы О без ударения и под ударением. Объясните, что в русском языке чтение этой буквы зависит от ее положения в слове. Прочитайте вслух детям слова, в которых буква О находится под ударением. Объясните, что в этих словах слышно звук О. Прочитайте вслух второй столбик со словами, в которых О стоит в безударном слоге. Объясните детям, что есть разница в звучании, что в этих словах буква звучит почти как звук А.

После этого ученики должны вставить пропущенные буквы, поставить ударение над О и прочитать слова вслух.

**Задание 7.** Вставить пропущенные буквы. Ответы: пятьдесят восемь, тридцать два, девяносто шесть.

**Задание 8.** Задание зашифровано. Каждой цифре соответствует одно слово. Надо подобрать нужные слова и составить из них предложения. Предложения нужно записать.

**Ответы:** Антон живет в квартире номер девяносто. Он любит футбол и рисование. Сейчас он идёт на стадион.

### Окончание занятия
(УЧЕБНИК, С. 28)

Игра «Бинго».

## ГЛАВА 8

### 1 Занятие

*На этом уроке мы изучаем:*

прилагательные в винительном падеже. Куда положить?

*слова:*

жёлтую, зелёную, интересную, коробку, красную, голубую, положить, дай мне, подари, подари ей, новую.

### Повторение/разминка

1. Начиная с этого урока можете каждое занятие начинать с вопроса *Какой сегодня день недели? Какой день недели был вчера? Какой день недели будет завтра?*

2. Повторите вопрос *Куда идём?* и направление движения. Можно взять картинку из учебника 2, с. 19 или 20. Спрашивать *Куда идёт кошка? Куда идёт папа? Куда идут туристы?*

3. Повторите цвета. Положите на стол учителя предметы разных цветов (шарики, карандаши, просто карточки с цветами, лучше, если слова разных родов). Можно использовать те коробки, которые учитель уже приготовил для представления грамматики урока. Показывайте предметы ученикам, называйте вслух их цвет. После того, как все слова повторил учитель, ученики сами называют цвета.

### Основная часть урока
(УЧЕБНИК, С. 29)

В первой части урока учебники закрыты. На столе у учителя ящики и коробки разных цветов. Сначала учитель показывает, что слово ящик не изменяется: Положи *в большой/маленький/жёлтый ящик*. Потом демонстрирует существительное женского рода, используя коробки разных цветов и размеров (коробки могут быть разные - от шоколада, от карандашей, можно самим сделать коробки, покрасить их в разные цвета или обклеить цветной бумагой). Учитель проводит с учениками серию упражнений, направленных на доведение навыка до автоматизма (то, что в американской методике называется drill). На этом уроке это будет упражнение на все прилагательные в винительном падеже женского рода. Учитель сам берет предметы и кладет в коробки, попутно объясняет, что он делает. Говорит при этом *Куда положить? В коробку? В красную или зелёную? В красную! А это?* (берет следующий предмет) *Куда положить? В какую коробку положить? В жёлтую или чёрную? В большую или маленькую?* Кладет предмет в коробку и говорить вслух *В жёлтую!*

Очень важно не выходить за рамки языковой модели и говорить только те слова и фразы, которые дети уже знают.

Следующая языковая модель этого же урока *Дай! Дай мне!* Точно также, учитель проговаривает все слова, ученики повторяют за учителем. Потом они говорят самостоятельно.

Потом попросить детей проделать то же упражнение. Это и будут их дриллы. Следить, чтобы все дети проговорили это упражнение.

После того, как дриллы сделаны, можно сделать вывод и рассказать о правиле. Но можно этого и не делать. Главное, чтобы они усвоили речевую ситуацию

### Чтение и письмо
### (РАБОЧАЯ ТЕТРАДЬ, С.29)

**Задание 1.** Вставить пропущенные буквы в словах. Ответы: окно, газета, платье, коробка, ящик.

**Задание 2.** Вычеркни ненужное.

**Ответы:** 1.Положи в голубую коробку. 2.Маша читает интересную книгу. 3.Дети идут в новую школу. 4.Мы идём в большой кинотеатр. 5.Дай мне белую рубашку. 6.Подари ей новую куклу.

### Окончание занятия
### (УЧЕБНИК, С. 20. УРОК 5, ЗАНЯТИЕ 3)

Игра «Прятки в замке. Туристы и приведение». Учебник, с. 20. Можно добавить в игру уже изученные прилагательные в винительном падеже : Иду на большую кухню, на старый чердак и т.д.

## ② Занятие
*На этом уроке мы изучаем:*

продолжаем прилагательные в винительном падеже женского рода. Подарить, дать что?

*слова:*

день рождения, у бабушки, подарок, подарить, билет на концерт, русскую литературу, хорошую музыку, свою кошку, картину, интересную.

### Повторение/разминка
Спросите у учеников *Какой день недели? Какой день был вчера? Какой день будет завтра?*

Повторяем грамматическую тему прошлого урока. На столе у учителя знакомые разноцветные коробки. Учитель сначала задает вопрос *Куда положить?* А потом отвечает на него и раскладывает в коробки разные предметы. После этого он просит учеников разложить предметы и назвать действия: *Куда положить? В жёлтую коробку или чёрную? В жёлтую!* и т.д.

### Основная часть урока
(УЧЕБНИК, С. 30)
Учитель читает вслух комикс. Разбирает незнакомые слова. Если слова знакомы, но стоят в новых падежных формах, то обратить внимание на новые падежные окончания, сказать, что мы их изучали на прошлом уроке.

Читаем еще раз диалог. Ученики повторяют хором за учителем. После этого ученики сами составляют диалог о чьем-нибудь дне рождения и о подарках. Для идей им можно подсказать тему Одежда. Помните о том, что ученики уже знают дни недели и вполне могут сказать в какой день недели они празднуют день рождения.

### Чтение и письмо
(РАБОЧАЯ ТЕТРАДЬ, С. 30)
**Задание 3.** Объясните ученикам разницу в звучании буквы Е в ударном и безударном слогах. Прочитайте вслух слова один раз. Читайте второй раз, ученики повторяют за вами. После этого ученики должны дописать буквы в словах и прочитать эти слова самостоятельно.

**Задание 4.** Объяснить задание: здесь записаны предложения, иногда в этих словах нужно написать буквы, иногда нет. Прочитайте вслух предложения. Дети уже отрабатывали эти речевые конструкции, поэтому уже запомнили их по предыдущим упражнениям. Проговорите все еще раз, потом дайте ученикам вставить нужные буквы.

**Ответы:** 1. Это комната. Кто идёт в комнату? 2. Что это? Это интересная книга. Я читаю интересную книгу. 3. Что это? Это большая коробка. Положи в большую коробку. 4. Что это? Это новый ящик. Положи в новый ящик.

### Окончание занятия
Любая игра из Учебника на выбор: страницы 8, 20, 24, 28

## 3 Занятие
*На этом уроке мы изучаем:*

погода

*Слова:*

ветер, дождь, дует, какая погода? Какую погоду? Погода, погоду, плохую, подарили, светит, снег, (в) тёплом, холодную, хорошую

### Повторение/разминка
Спросите у учеников *Какой день недели? Какой день был вчера? Какой день будет завтра?*
Повторите название одежды и слов тепло/холодно из Сороки 1. Урок 14, с. 54.

### Основная часть урока
(УЧЕБНИК, С. 13)
Учебники открыты. Учитель показывает на картинках разные погодные явления. Ученики повторяют за учителем. Проведите дрилл по новым словам.

### Чтение и письмо
(УЧЕБНИК, С.32)
Это упражнение на чтение и понимание текста. Дети самостоятельно читают текст и вопросы к тексту. После того, как ученики готовы, нужно попросить их прочитать текст вслух, а потом ответить на вопросы устно. Ответы могут отличаться от приведенных ниже, так как это устная работа. Может быть разный порядок слов в предложении, может быть неполный ответ.

**Ответы:** 1. Вика пишет это письмо (Вариант ответа: Это письмо пишет Вика). 2. Вика сейчас дома. 3. Вика любит хорошую погоду. 4. В плохую погоду Вика сидит дома. 5. В плохую погоду Вика читает интересную книгу. 6. В плохую погоду Вика слушает хорошую музыку.

(РАБОЧАЯ ТЕТРАДЬ, С.31)
**Задание 5.** Прочитай и соедини. Ответы: 1б, 2е, 3в, 4г, 5а, 6д.
**Задание 6.** Найди слова о погоде: дождь, снег, тепло, погода, облако, солнце, жарко, ветер, холодно.
**Задание 7.** Ответ могут отличаться, так как ученики описывают свою ситуацию.

### Окончание занятия
Задание на ассоциации. Учитель пишет на доске два сообщения. На одной половине: *Очень жарко. Светит солнце.* На другой половине: *Идёт снег. Очень холодно.*

Потом говорит медленно вслух следующие слова, повторяя их, если это необходимо: *парк, река, мороженое, чай, кино, куртка, сандалии, платье, гулять, дома.*

Ученики слушают слова и решают, к какому описанию дня это слово больше всего подходит. Если есть разные мнения, то ученики голосуют и определяют голосованием, в какую часть лучше отнести слово.

# ГЛАВА 9

## 1 Занятие

***На этом уроке мы изучаем:***

видеть кого-то, родительный падеж одушевленных существительных мужского рода единственного числа.

***Слова:***

зоопарк, зоопарке (в), тигр, тигра, слон, слона, верблюд, верблюда, обезьяна, обезьяну. Я вижу. Я не вижу. Найди.

### Повторение/разминка

Повторите дни недели понедельник, вторник, среда, четверг, пятница, суббота, воскресенье. А также ответы на вопрос Когда? В понедельник, во вторник, в среду, в четверг, в пятницу, в субботу, в воскресенье.

### Основная часть урока

1. Учебники закрыты. Учитель показывает картинки с новыми словами по теме «Зоопарк». Всего мы изучаем названия четырех животных: тигр, слон, верблюд, обезьяна. Покажите картинки, повторите слова вслух несколько раз. Ученики сначала повторяют слова за вами хором, потом по одному. Показывайте по одной картинки с животными, ученики их называют. После этого учитель откладывает в сторону картинки с животными, они пригодятся позже.

2. На следующем этапе учитель объясняет детям на их родном языке, что значит словосочетание я вижу, и повторяет несколько его раз вслух. Ученики повторяют за учителем. Затем о показывает знакомые предметы (мужского или среднего рода, неодушевленные) и говорит *Я вижу карандаш, я вижу стол, я вижу портфель, дом, парк, мяч и т.д.* Ученики отрабатывают словосочетание я вижу, и одновременно повторяют название предметов.

3. Третий этап. Существительные женского рода. Ученики уже с ними знакомились, когда учили разницу между *где?* и *куда?* Не должно вызвать затруднений то, что буква А в конце слова меняется на У. *Я вижу книгу, ручку, школу, бабушку, кухню и т.д.*

4. На этом этапе учителю снова потребуются карточки с животными, которые он использовал в начале урока. Учитель показывает ученикам карточку и говорит: *Это обезьяна. Я вижу обезьяну. Это слон. Я вижу слона. Это верблюд. Я вижу верблюда. Это тигр. Я вижу тигра.*

(УЧЕБНИК, С. 33)

Учитель рассматривает картинку из учебника вместе с учениками. Учитель читает подписи к картинкам, ученики повторяют за учителем. После этого ученики спрашивают друг друга: *ты видишь слона?* И так далее. Чтобы внести в диалог эффект неожиданности и немного смеха, можно перепутать картинки. Показать на картинку с обезьяной и спросить про слона, например. Тогда второй ученик должен ответить: *Нет, не вижу.*

### Чтение и письмо.
(РАБОЧАЯ ТЕТРАДЬ, С.33)

Задание 1. Отрицательный ответ Нет, я не вижу, ученик дает в том случае, когда этого предмета нет на картинке на с. 33.

**Ответы на задание:**

1. Да, я вижу слона. 2. Да, я вижу Олега. 3. Нет, я не вижу дерево. 4. Да, я вижу Наташу. 5. Да, я вижу верблюда. 6. Нет, я не вижу Машу. 7. Да, я вижу тигра. 8. Да, я вижу обезьяну. 9. Нет, я не вижу Дениса. 10. Да, я вижу Ивана.

### Окончание занятия

Игра «Крокодил» с новыми словами. Обратите внимание, что здесь мы играем со словами в именительном падеже единственного числа: зоопарк, слон, тигр, обезьяна, верблюд.

## 2 Занятие

*На этом уроке мы изучаем:*

как сказать Я ищу кого-то или что-то, Как зовут твоего брата. Продолжаем родительный падеж одушевлённых существительных мужского рода.

*Слова:*

ищу, Ивана, брата, я видела, как зовут твоего брата.

### Повторение/разминка

«Крокодил» или анаграммы из новых слов.

### Основная часть урока
(УЧЕБНИК, С. 34)

Комикс «Я ищу Ивана». Учитель рассматривает картинку вместе с учениками. Ученики уже самостоятельно могут назвать то, что нарисовано на картинках. На картинке 1 - школа. Учитель спрашивает *Что это?* Ученики говорят *Это школа*. Далее учитель и ученики смотрят на картинку 2, на ней видно чей-то портфель. Ученики говорят *Это портфель*. Картинка 3. Учитель читает вслух диалог. Ученики уже знают слова *Как зовут* и слово *брат*. Поэтому, зная эти слова и исходя из ситуации и ответа Маши, ученики уже понимают значение фразы *Как зовут твоего брата*. Перед тем, как перейти к следующей картинке, попросите учеников прочитать имя мальчика на портфеле (Иван). Читайте далее диалог на этой странице учебника. Здесь новое слово *видела*. Мы уже встречали его формы *вижу*, в этом уроке и форму *Вы не видели?* В уроке 12, с. 46 в Сороке 1.

После того, как учитель вместе с учениками разобрали комикс, ученики составляют свои короткие диалоги, меняют имя человека *Я ищу Машу, я ищу тигра, я ищу верблюда*. Нужно стараться, чтобы в отработку попали имена существительные разных родов: мужского, женского, среднего.

### Чтение и письмо
(РАБОЧАЯ ТЕТРАДЬ, С. 34)

Задание 2.

Ответы:

1. Обезьяна на дереве. (А).
2. Верблюд пьёт воду. (Б)
3. Верблюд стоит. (Б)
4. Вика ест мороженое. (А)
5. Аня видит тигра. (Б)
6. Слон ест яблоко.(Б)
7. Максим покупает воду. (А)
8. Вова видит обезьяну. (А)

Задание 3.

Объясните ученикам разницу между буквами Ш и Щ. Прочитайте вслух слова один раз. Читайте второй раз, ученики повторяют за вами. После этого ученики должны дописать буквы в словах и прочитать эти слова самостоятельно.

Задание 4.

Ответы: это слон. Это тигр. Это обезьяна. Это верблюд.

### Окончание занятия

Поиграйте в игру на ассоциации. Напишите на доске слова четверг, суббота, воскресенье. Медленно говорите следующие слова: книга, школа, кинотеатр, математика, парк, играем, гуляем, стол, урок. Ученики слушают и распределяют слова по дням недели.

# 3 Занятие

***На этом уроке мы изучаем:***

Как зовут твоего брата? Как зовут женщину?

***Слова:***

мальчика, сына, женщину

### Повторение/Разминка
### (УЧЕБНИК, С. 35)

Рассмотрите вместе с учениками картинку на с. 35 в Учебнике. Назовите имена людей: *Это Елена, это Оля, это Наталья, это Фёдор.* Спросите у учеников, чем занимаются люди на картинке: *Виктор покупает цветы, Оля идёт в школу, Елена и Игорь гуляют, или идут домой. Наталья, Фёдор и Света едут в автобусе.* Повторите слова *женщина, мальчик, девочка, брат, сестра, мама, сын, дочь.* Покажите на Елену и Игоря, спросите *Это его мама? Это её сын?* И так далее с остальными героями.

### Основная часть урока
### (УЧЕБНИК, С. 35-36)

На прошлом занятии ученики познакомились с вопросом *Как зовут твоего брата?* Продолжайте рассматривать картинку на с. 35. Задавайте вопросы по картинке: *Как зовут её сына? Как зовут мальчика? Как зовут мужчину?*

После того, как вы рассмотрели картинку и ответили на все вопросы по картинкам, продолжайте спрашивать учеников про их семью: *Как зовут твоего брата, как зовут твоего друга, кота?* Вы можете задавать любые вопросы, если ученики знакомы с речевой ситуацией, но особое внимание обращайте на существительные мужского рода, одушевлённые в родительном падеже единственного числа *(брата, соседа, мальчика, друга, щенка, кота и т.д.),* так как это грамматическая тема урока.

С. 36 в Учебнике. Здесь ученики тренируют слова урока со словосочетанием *Ты видишь? Я вижу. Я не вижу.* Рассматривайте картинку, задавайте друг другу вопросы. Когда картинка исчерпала себя, вернитесь на с. 35 Учебника и продолжайте вопрос *Ты видишь?* С героями уже этой картинки.

### Чтение и письмо
### (РАБОЧАЯ ТЕТРАДЬ, С.36)

Задание 5. Кроссворд.

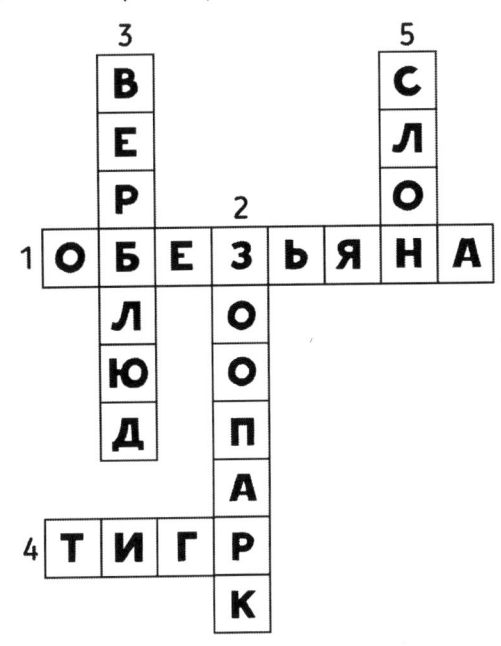

```
        3           5
        В           С
        Е           Л
        Р       2   О
  1  О  Б  Е  З  Ь  Я  Н  А
        Л       О
        Ю       О
        Д       П
  4  Т  И  Г  Р
                К
```

Задание 6.
Ответы: юбка, яблоко, девять, пять, тетрадь.

### Окончание занятия

Игра «Память». Эта игра на повторение и тренировку глаголов в прошедшем времени *был, была, было.* Положите несколько предметов на стол. Лучше, если предметы будут мелкими, разных цветов и размеров. Попросите учеников посмотреть на стол и запомнить все предметы. Потом сметите их все в коробку или сумку. Задавайте вопросы ученикам: *На столе был карандаш? Какого он был цвета? Он был длинный или короткий?* И так далее. Ученики отвечают.

Во второй части игры ученики задают вопросы о других предметах.

## ГЛАВА 10

### 1 Занятие

***На этом уроке мы изучаем:***

Когда? Утром, днём и вечером.

***Слова:***

встаю, рано, одеваюсь, завтракаю, с собакой, потом, смотрит, моет посуду, когда? Утром, днём и вечером, ужинаешь, учитель, телевизор.

#### Повторение/разминка

Начиная с 7 урока каждое занятие спрашивать у учеников какой день недели? Какой день был вчера? Какой день будет завтра? Повторите выражение Мне нравится.
На разминку, спросить, что ты любишь? Ты любишь хорошую погоду? Какую погоду ты любишь?

Дать ученику лист бумаги, на нем написано название какой-нибудь еды или напиток, остальные ученики задают вопросы, пытаются догадаться, что он любит, что у него написано. Задают вопросы: *ты любишь мороженое? Ты любишь чай? Ты любишь хлеб?* И так далее, применяя все изученные слова.

#### Основная часть урока
#### (УЧЕБНИК, С. 37)

Учебники открыты. Учитель читает текст со страницы 37. Первый раз нужно просто прочитать, начиная с заголовка. Новые слова не учим заранее, а пытаемся догадаться об их значении во время второго чтения. Слова *утром, днём и вечером* раньше не встречались в этой форме, но ученики проходили уже слова *утром, день и вечер*
(Сорока 1. Урок 11).

Учитель спрашивает у детей, как они думают, о чём этот урок? Посмотрите вместе с детьми на картинки и попросите их сказать, что

значат слова *когда, утром, днём, вечером, встаю, рано, потом, моет посуду, смотрит телевизор* (мы изучали слова *смотрите* и *смотрят*, Сорока 2, Урок 2). Ученики должны рассказать, о чем они догадались. После этого идите по тексту слово за словом, прочитывая и проговаривая все вслух, объясняя незнакомые слова.

#### Чтение и письмо
#### (РАБОЧАЯ ТЕТРАДЬ, С.37-38)

Задание 1.
**Ответы:** 1.Когда мы идём в школу? Утром. 2.Когда ты гуляешь? Вечером. 3.Когда мама смотрит телевизор? - Вечером. 4.Когда бабушка обедает? - Днём. 5.Когда учитель работает? Днём. 6.Когда ты ужинаешь? Вечером.

Задание 2. Ответы могут отличаться. Ученик пишут свое индивидуальное расписание.

Задание 3. Вот полный текст задания. Ученики должны восстановить пропущенные буквы и переписать текст в тетрадь.
1. Дедушка встает очень рано, в 5 часов. Иногда он встает в 6 часов.
2. Он пьёт кофе. Он никогда не пьёт чай, он не любит чай.
3. Утром дедушка гуляет на улице с собакой
4. Каждое утро он читает газету. Он не любит компьютер.

#### Окончание занятия
#### (УЧЕБНИК, С.28)

Игра «Бинго».

## ❷ Занятие

*На этом уроке мы изучаем:*

мы были в зоопарке в воскресенье вечером.

*Слова:*

не было видно, опоздал, ленивый, ходить, всегда, поздно, встаёт, завтрак, ест на завтрак, чистит зубы.

### Повторение/разминка

Начиная с 7 урока каждое занятие спрашивать у учеников какой день недели? Какой день был вчера? Какой день будет завтра?

Повторите дни недели (Учебник, с.21), а также, как сказать *в какой день недели? – в понедельник, во вторник, в среду, в четверг, в пятницу, в субботу, в воскресенье.* Для повторения можно взять их расписание или тот список уроков, которые ученики составили на прошлом уроке (Рабочая тетрадь, с. 37, Задание 2). Учитель может спрашивать у учеников, а ученики друг у друга: *Какие уроки у тебя были в среду? Какие уроки у тебя будут во вторник?* И так далее.

### Основная часть урока
### (УЧЕБНИК, С. 38-39)

С. 38. Комикс. В этом комиксе его герои рассматривают фотографии, которые они сделали в воскресенье в зоопарке. Учитель вместе с учениками рассматривает картинки комикса и читает текст.

В этом тексте нет новой грамматики или новых слов. Задание дается для того, чтобы увязать вместе грамматику и дать возможность ученикам использовать ее в обычном разговоре: *Какая была погода в воскресенье? Где вы были? Когда вы были в зоопарке?*

Спросите у учеников про их посещение зоопарка или о том, что они делали в воскресенье, какая была погода.

С. 39. «Опять опоздал». Это продолжение нашей предыдущей темы, но с добавлением новых слов. Рассмотрите картинки с мальчиком на с. 39. Ученики должны понять и сказать, что все происходит утром. Мы продолжим работать с этой картинкой на следующем занятии. Тогда ученики будут отвечать на вопросы, которые написаны в рамке.

### Чтение и письмо.
### (РАБОЧАЯ ТЕТРАДЬ, С. 38-39)

Задание 4. Ответы могут отличатся, так как ученики пишут свое собственное мнение.

Задание 5. Прочитайте слова один раз. Ученики вас слушают. Прочитайте слова второй раз, ученики повторяют за вами. После этого ученики добавляют пропущенный мягкий знак и читают все слова.

### Окончание занятия

Повторите числа до 100. Можете поиграть в «Бинго» с числами или диктовать номер телефона.

## 3 Занятие

*На этом уроке мы изучаем:*

> Утром я завтракаю, принимаю душ. Я никогда не опаздываю.

*Слова:*

> опаздываешь, принимаешь душ, чистишь зубы, встаёшь, нести, куда нести, несите, несите в спальню, какую (в),

### Повторение/разминка

Начиная с 7 урока каждое занятие спрашивать у учеников какой день недели? Какой день был вчера? Какой день будет завтра?

Повторите тему «Лицо». Можете схематично нарисовать на доске лицо и попросить учеников надписать его части *нос, рот, глаза, уши, волосы*.

### Основная часть урока
(УЧЕБНИК, С. 39)

Учитель вместе с учениками рассматривает картинки в учебнике, повторяют то, что проходили на прошлом уроке и отвечают на вопросы о них: *Я никогда не опаздываю. Я чищу зубы* и так далее.

После этого попросите рассказать об утре их родственника или их собственном утре.

Подведите итог употребления слов *когда, всегда, никогда, потом*. Придумайте предложения с этими словами, используя уже знакомые слова из прошлых уроков. Например: *Бабушка всегда смотрит телевизор вечером. Папа никогда не работает в воскресенье. Кошка всегда гуляет на улице. Что ты делаешь, когда идёт дождь?* И так далее.

### Чтение и письмо
(РАБОЧАЯ ТЕТРАДЬ, С.39-40)

Задание 6.
Ответы: Я встаю в 7 часов. Я чищу зубы. Я завтракаю. Я иду в школу. Я никогда не опаздываю.

Задание 7. Вставь пропущенные буквы. Ответы: библиотека, кинотеатр, магазин, стадион.

Задание 8. Прочитай. Ответы:

| Имя | Время | Урок |
|-----|-------|------|
| Аня | 9 | Русский |
| Вика | 10 | Математика |
| Маша | 11 | Литература |

### Окончание занятия
(УЧЕБНИК, С. 40)

Учитель вместе с учениками рассматривает картинку и даёт указания грузчикам, куда нести мебель и коробки. В этой ситуации можно повторить винительный падеж существительных и местоимений (нести что? Нести куда?), направление движений (идите прямо, поверните налево), так как коробки пронумерованы, можно повторить номера (несите коробку номер 83 на кухню).

После того, как учитель вместе с учениками рассмотрели картинку и «разнесли» все предметы по местам, можно проиграть эту ситуацию в классной комнате: можно носить настоящие предметы (карандаши и тетради) или их изображения (компьютер, стол, телевизор), а также пронумерованные коробки.

Полезные выражения:

*Несите на кухню. Где кухня? Идите прямо.*

*Несите в спальню, в гостиную, в ванную, на балкон, в туалет, на чердак. Коробка для ванны, для кухни, телевизор, игрушки, диван, стол, стулья.*

### Подготовка к следующему уроку.

На следующем уроке у вас контрольная работа. Сделайте достаточное количество копий.

# ГЛАВА 11

## 1️⃣ Занятие

***На этом уроке мы изучаем:***

> Сколько? Много – мало – один – одно.

***Слова:***

> мало, много, одна, ящиков, котов, уроков, адресов, яблок, облаков, столов, самолётов, слонов, компьютеров, балконов.

**Примечание:** ученики уже изучали слова сколько, один и одно. Слова сколько и один встречались, когда мы изучали время (Сколько времени? Один час). Слово одно встретилось в словосочетании одно ухо (Рабочая тетрадь 2 (с. 3).

### Повторение/разминка

Начиная с 7 урока каждое занятие спрашивать у учеников какой день недели? Какой день был вчера? Какой день будет завтра?

Повторите время. Покажите циферблат часов, переставляйте стрелки и спрашивайте *Сколько времени? Который час?* Можете нарисовать циферблат на доске и дорисовывать стрелки со временем. Ученики называют время. Не надо делать выводов о том, как меняется слово, просто повторяйте! *Один час, два часа, три часа, пять часов, шесть часов.... двенадцать часов.* Постарайтесь довести ответ на этот вопрос до автоматизма.

### Основная часть урока
### (УЧЕБНИК, С. 41)

Книги открыты на с. 41. Прочитайте заголовок. Показывайте на рисунках сначала один ящик, и говорите: *один ящик.* Потом говорите: *много ящиков.* Повторите еще раз, ученики повторяют за вами. Идите далее по картинкам, показывайте один предмет и много предметов, ученики повторяют за вами. Когда вы будете говорить об *облаке* и *яблоке*, спросить у учеников, почему с этими предметами мы говорим одно. Для учеников достаточно будет сказать, что оба слово оканчиваются на о. Мы уже приучили их смотреть на окончания, поэтому это ответ будет логичным и достаточным.

Как вариант – вы просто заучиваете словосочетание, комбинацию слов вместе: *один самолёт, один ящик, одно яблоко, одно облако. Без выведения правил.*

### Чтение и письмо
### (РАБОЧАЯ ТЕТРАДЬ, С. 41-42)

**Задание 1.**
Ответы: *Сколько столов? – Много. Сколько самолётов? – Один. Сколько слонов? – Один. Сколько ящиков? – Много. Сколько компьютеров? – Один. Сколько балконов? – Много. Сколько облаков? – Одно. Сколько яблок? – Одно. Сколько времени? – Семь часов.*

**Задание 2.** Прочитайте слова один раз. Ученики вас слушают. Прочитайте слова второй раз, ученики повторяют за вами. После этого ученики добавляют пропущенную букву Ю и читают все слова. Ответы: иди сюда, бегают, играют, гуляю, на кухню, в спальню.

**Задание 3.** Сначала устно повторите слова по теме «Лицо». Затем ученик заполняют пропущенные буквы в словах.

### Окончание занятия

Повторите дни недели. Сначала устно, потом можно поиграть в «Крокодила» или в анаграммы с этими словами: ЕЕКЛЬПОНДИН (понедельник), ЕЕЕОВСКРСНЬ (воскресенье), ДСАРЕ (среда).

## ❷ Занятие

*На этом уроке мы изучаем:*

как сказать, что предметов много. Одна – много.

*Слова:*

не могу, могу, пойдём, ещё, книг, хочешь, книг, уже, позови, хочу, позови

### Повторение/разминка

Начиная с 7 урока каждое занятие спрашивать у учеников какой день недели? Какой день был вчера? Какой день будет завтра?

Снова повторяем время. Рисуйте на доске циферблат, или возьмите часы, на которых можно переводить стрелки. Показывайте ученикам разное время и спрашивайте *Сколько времени? Два часа, пять часов и т.д.*

### Основная часть урока
### (УЧЕБНИК, С. 42)

Учитель читает вслух диалог из комиксов, объясняет незнакомые слова. После этого ученики читают диалог вместе с учителем. После того, как ученики повторили несколько раз новые слова и фразы, они могут разыграть коротенькие диалоги по образцам: «Хочешь яблоко? – Да, хочу», «Пойдём в парк! Пойдем в кино! Пойдем на стадион! – Пойдём, или Я не могу», «У меня много яблок, у меня много уроков» и т.д.

### Чтение и письмо
### (РАБОЧАЯ ТЕТРАДЬ, С.42)

Задание 2. Учитель читает слова с буквой Ю. Ученики вставляют букву в слова, потом читают слова.

Задание 3. Повторите слова по теме лицо. Можно показывать свое лицо, или лицо на фотографии/картинке. Когда ученики вспомнили все слова, они дописывают нужную букву вместо прочерков: волосы, нос, глаз, ухо, рот.

### Окончание занятия

Попросите учеников нарисовать план их квартиры и рассказать о ней.

## ③ Занятие

**На этом уроке мы изучаем:**

Сколько? Одна или много?

**Слова:**

одна, машин, крыш, кукол, рубашек, собак, зонтиков.

### Повторение/разминка

Начиная с 7 урока каждое занятие спрашивать у учеников какой день недели? Какой день был вчера? Какой день будет завтра?

Посчитайте предметы мужского и среднего рода: *один карандаш, один стол, один компьютер, один глаз, одно дерево, одно облако, одно ухо, и т.д.*

### Основная часть урока
### (УЧЕБНИК, С. 43)

Учебники открыты на с. 43. Прочитайте заголовок. Рассматривайте картинки, показывайте предметы на рисунках и называйте их вслух: *одна книга, много книг, одна кукла, много кукол и т.д.*

### Чтение и письмо
### (РАБОЧАЯ ТЕТРАДЬ, С. 43-44)

Задание 4. Распределить слова по родам. Как обычно, сначала учитель читает все слова вслух, ученик повторяют за учителем. После этого учитель читает слова по одному, ученики должны сказать, в какую группу нужно поставить это слово. После того, как учитель вместе с учениками разобрали все слова, можно выполнять это упражнение письменно.

Ответы:
Одно: яйцо, облако, письмо, яблоко, окно.
Одна: рубашка, ручка, сумка, трава, юбка.
Один: хвост, карандаш, мальчик, сын, стол.

Задание 5.

Ответы:
1. Сколько <u>машин</u> на улице? <u>Много</u>
2. Сколько <u>котов</u> на дереве? <u>Много</u>
3. Сколько <u>зонтиков</u> в парке? <u>Много</u>
4. Сколько <u>книг</u> на столе? <u>Много</u>
5. Сколько <u>яблок?</u> <u>Много</u>

### Окончание занятия
### (УЧЕБНИК, С.44)

Игра «Полёт на Венеру». Ученики выбирают себе ракету и говорят, какого она цвета. Они по очереди отвечают на вопросы. Если ответ правильный – игрок продвигается на следующий уровень, если не правильный – остаётся на месте.

Ответы:
1. Кого ты видишь? Мальчика, слона, девочку, обезьяну
2. Какая погода? - Тепло, светит солнце, дует ветер, идёт дождь, идёт снег.
3. Сколько? На один-одна-одно Одна книга, одно яблоко, один самолёт, одно дерево.
4. Сколько? На много-мало Много котов, много крыш, много яблок, много машин.

# ГЛАВА 12

## ① Занятие

***На этом уроке мы изучаем:***

Много квартир, но нет балконов.

***Слова:***

коробок (нет), тигров (нет), квартир (нет), велосипедов (нет), парков (нет), туристов (нет)

### Повторение/разминка

Начиная с 7 урока каждое занятие спрашивать у учеников какой день недели? Какой день был вчера? Какой день будет завтра? Игра «Полёт на Марс», Учебник, с. 24.

### Основная часть урока
(УЧЕБНИК, С. 45)

На прошлых занятиях вы с учениками изучали как ответить на вопрос *Сколько? Одна или много?* Сейчас мы продолжаем эту тему, только добавляем к ней возможность сформулировать отсутствие чего-либо: *Нет балконов, нет компьютеров, нет книг* и т.д. Все эти существительные стоят в родительном падеже множественного числа, т.е. окончания у них у всех одинаковые.

Можете начать урок с того, что покажете несколько предметов (можно настоящие, можно на картинках), и станете называть их. Например, *Это книги. В библиотеке много книг. Это кинотеатр, в кинотеатре нет книг. Это машины, на улице много машин. Это парк, в парке нет машин.*

Как обычно, ученики слушают и повторяют за вами. Как только использование речевых конструкций становится уверенным, можно открыть Учебник на с.45. Здесь на картинках нарисованы примеры употребления родительного падежа во множественном числе. Множественное число даётся первым сознательно, так как до этого ученики уже с ним встречались, когда изучали, как сказать *много чего-либо*.

### Чтение и письмо
(РАБОЧАЯ ТЕТРАДЬ, С. 45-46)

Задание 1.

Ответы:

1. На дерев*е* нет кот*ов*.
2. В парке нет собак. Собак*и* сегодня не гуляют, идёт дождь.
3. Вечер. На улиц*е* нет машин.
4. В квартир*е* нет телевизор*ов*.
5. В ящик*е* нет книг и газет.
6. В магазин*е* нет яблок, мы покупаем апельсин*ы*.
7. На стадион*е* нет девочек, только мальчик*и*.
8. Завтра у меня нет урок*ов*, завтра воскресенье.
9. В замке нет турист*ов*, но есть приведение.
10. У нас в зоопарке нет тигр*ов*.

Задание 2.

Ответы: Задание: «Составь предложения из слов и запиши их».

1. В гараже есть велосипед, но нет мяча.
2. В комнате есть телефон, но нет книги.
3. На чердаке есть ящик, но нет коробки.
4. В доме нет балконов.
5. Здесь много компьютеров, но нет книг.
6. В доме нет чердака и нет гаража.

### Окончание занятия

Попросите учеников написать их расписание уроков и рассказать про него. Например, в среду в 9 часов у меня математика.

## ❷ Занятие

***На этом уроке мы изучаем:***

надо идти в магазин, в доме нет молока.

***Слова:***

нет молока, хлеба, риса, чая, надо идти, нет апельсинов, список, нет машины, нет воды, нет коробки, нет книги, нет воды, нет велосипеда, нет собаки, два яблока, две книги, две.

### Повторение/разминка

Вместе с учениками расскажите про погоду за окном. *Светит солнце. Идёт дождь. Дует ветер.* и т.д.

### Основная часть урока
(УЧЕБНИК, С. 46-47)

1. Учитель читает вслух диалог, объясняет незнакомые и непонятные слова. После этого надо отработать словосочетания *нет риса, нет молока, нет апельсинов, покупаем рис, молоко и апельсины.*

2. Предложите ученикам самим составить список того, чего нет и что надо купить.

3. Посчитайте по два предмета. Ученики уже знают словосочетание *2 часа*, по этому образцу можно считать другие предметы в мужском и среднем родах.

4. Отдельно считайте предметы в женском роде *две книги, две школы, две девочки, две бабушки, две собаки* и т.д.

5. Учебник, с. 47. Прочитайте с учениками подписи к картинкам, рассмотрите картинки.

6. Вместе с учениками составляйте предложения по образцу *у меня есть кот, и нет собаки. У него есть велосипед, но нет машины.*

### Чтение и письмо
(РАБОЧАЯ ТЕТРАДЬ, С.47)

Задание 4.
Ответы: 1.в, 2.б, 3.а, 4.г, 5.д.

Задание 5.
Ответы: две улицы, две машины, два мяча, два дома, две крыши, два балкона, два облака, две собаки, две девочки, два дерева, два кота.

### Окончание занятия
(УЧЕБНИК, С.44)

Игра «Полёт на Венеру».

## ❸ Занятие

*На этом уроке мы изучаем:*

> нет столов, нет машин, два стола, две машины

*Слова:*

> нет джинсов, нет телевизоров.

### Повторение/Разминка
### (УЧЕБНИК, С. 8)

Игра «Где вы? Что вы делаете?» поможет вам повторить слова *кинотеатр, магазин, мороженое, парк, стадион* и так далее.

### Основная часть урока
### (УЧЕБНИК, С. 48)

На с. 48 изображены библиотека и разные магазины. Ваши ученики уже знают достаточно для того, чтобы рассказать, что нарисовано на картинках, чем занимаются люди (читают, покупают). Ученики уже знаю, как сказать, что в *библиотеке много книг, есть компьютер. В магазине много яблок, но нет столов, много воды*. Они уже могут рассказать, что в некоторых магазинах *нет джинсов и рубашек*.

### Чтение и письмо
### (РАБОЧАЯ ТЕТРАДЬ, С.48)

Задание 6. Как вы понимаете, это задание на чтение и на письмо, а не на счет. Поэтому обратите внимание на то, как ваши ученики читают это задание, убедитесь, что они понимают написанное. После того, как вы вместе с учениками прочитали написанное, ученики переписывают задачу в тетрадь и пишут ответ после слова Всего:___. (Всего будет 22 яблока и апельсина).
Именно решение этой задачи и будет показатель того, что ученики поняли написанное.

Задание 7. Прочитайте слова. Читайте слова второй раз, ученики повторяют за вами. После этого ученики должны дописать букву Ё и прочитать слова: моё, жёлтый, зелёный, тёплый, чёрный, самолёт, идёт, её.

### Окончание занятия
### (УЧЕБНИК, С.13)

Эта страница в учебнике может помочь ученикам рассказать о том, кто куда идёт, кто что делает, кто где работает. Не обязательно брать именно эту страницу, но необходимо повторить винительный падеж и направление движения, а также сравнить вопросы *Где?* и *Куда?*

## ГЛАВА 13

### ❶ Занятие

***На этом уроке мы изучаем:***

много-мало-нет (продолжаем).

***Слова:***

Портфель, портфеля, тетради, тетрадей, карандаш, карандашей, мячей, платья, братьев, брата, стула, стульев, сестры, сестёр. Лягушка, мышка, заяц, лиса, медведь, волк, теремок, буду, живи.

#### Повторение/Разминка

Расскажите ученикам сказку «Теремок». Скажите, что вы будете ставить спектакль по этой сказке. Можете использовать рисунок в Учебнике на с.52 или любое другое изображение этой сказки.

Вот текст, который рассказываю на уроке я. Одновременно я показываю картинки с иллюстрациями к этой сказке, их легко найти в интернете. Я стараюсь использовать такие слова и выражения, которые знакомы моим ученикам. К началу урока они еще не знают названий животных, но им достаточно посмотреть на картинку, чтобы понять, о чем идёт речь. Также незнакомо слово *буду (я буду здесь жить)*, но ситуация перевода не требует, ее легко понять из сказки и иллюстраций.

**Итак, мой рассказ:**
Вот дом. Это терем, или теремок. Идёт мышка, видит теремок и говорит: Кто в тереме живёт? Я буду здесь жить?

Идёт лягушка, видит теремок и говорит: «Кто в тереме живёт?»

Мышка говорит: «Я здесь живу!»

Лягушка говорит: «Можно я тоже здесь буду жить?»

Мышка говорит: «Хорошо!»

Идёт заяц, видит теремок: «Кто в тереме живёт?»

Мышка и Лягушка говорят: «Мы здесь живём! Лягушка и Мышка».

Заяц говорит: «Можно я тоже здесь буду жить?»

Мышка и Лягушка говорят: «Хорошо! Живи!»

Идёт лиса, видит теремок и говорит: «Кто в тереме живёт?»

Мышка, Лягушка и Заяц говорят: «Мы здесь живём! Мышка, Лягушка и Заяц».

Лиса говорит: «Можно я тоже здесь буду жить?»

Мышка, Лягушка и Заяц говорят: «Можно. Живи!»

Идёт волк, видит теремок и говорит: «Хороший теремок! Кто в тереме живёт?»
- «Мы живём: Мышка, Лягушка, Заяц и Лиса»
- «Можно я тоже здесь буду жить?»
- «Хорошо, живи!»

Идёт медведь, видит теремок и говорит: «Хороший теремок! Кто в тереме живёт?»
- «Мы живём: Мышка, Лягушка, Заяц, Лиса и Волк»
- «Можно я тоже здесь буду жить?»
- «Можно, но ты большой, а теремок маленький!»
- «Ничего! Я попробую!»

Залез медведь в теремок и сломал его.

На этом уроке вы только читаете и рассказываете сказку. Скажите ученикам, что вы будете ставить спектакль по этой сказке. Попросите их подумать, кого они хотят играть в этой истории, пусть скажут вам в конце урока. Если учеников мало, то можно сделать кукольный театр, в котором каждый может играть несколько героев сказки.

### Основная часть урока
### (УЧЕБНИК, С. 49)

Мы продолжаем изучать родительный падеж единственного и множественного числа. На этот раз мы продолжаем со знакомыми словами: брат, сестра, портфель, мяч и другие. У этих слов окончания отличаются от уже изученных. Но мы учим не окончания, мы учим словосочетания! Поэтому в этом случае ничего другого не остаётся, как изучить эти словосочетания многократным повторением. Вам с учениками предстоит работа по цепочке (повторить одно слово несколько раз), работа в парах (вопрос-ответ), игра в «глухой телефон». Они ученик шёпотом говорит второму какую-нибудь из изучаемых фраз, второй — третьему, и так далее. Последний в ряду повторяет вслух то, что он услышал и переходи в начало цепочки.

### Чтение и письмо
### (РАБОЧАЯ ТЕТРАДЬ, С.49)

**Задание 1.** Ещё одна возможность разобраться с окончаниями в родительном падеже. Вы уже проговорили все слова и довели их до автоматизма, теперь надо это закрепить на письме.

### Окончание занятия

Распределите роли для спектакля «Теремок». Через урок у вас представление.

## ❷ Занятие

*На этом уроке мы изучаем:*

продолжаем словосочетания с много.

*Слова:*

улиц (много), домов (много), стадионов (много), библиотек (много), реки (две)

### Повторение/Разминка

Распределение ролей и репетиция сказки «Теремок».

### Основная часть урока
### (УЧЕБНИК, С. 50)

Учитель читает комикс из Учебника, останавливается после каждой реплики, ученики за ним повторяют. В этом упражнении все слова должны быть знакомы ученикам, они их уже встречали, правда в другой форме - в других падежах.

После чтения сделайте упражнения, чтобы довести навыки до автоматизма.

В конце этого упражнения ученики смогут рассказать вам про город, в котором они живут. Здесь уже возможен осмысленный диалог с учениками: «Наш город большой или маленький? Вы живёте в большом городе или в маленьком? В нашем городе есть парк? Сколько парков в нашем городе?» и т.д. Учитель задаёт вопросы, ученики отвечают.

### Чтение и письмо
### (РАБОЧАЯ ТЕТРАДЬ, С. 50-51)

**Задание 2.** Прочитайте слова с пропущенной буквой Й. Ученики повторяют слова за учителем. После этого ученики дописывают пропущенную букву в слова и читают слова вслух.

**Ответ:** другой, стой, домой, ошейник, пройти, какой, здравствуйте, ей, в этой, пойти.

**Задание 3. Ответ:** сестра, брат, папа, мама, бабушка, дедушка, сын, дочь.

**Задание 4.** В этом задании ко всем числам добавляем 7.
**ответ:** двадцать девять, тридцать шесть.

### Окончание занятия

Работа над сказкой «Теремок». Разучивание ролей, репетиция

## 3 Занятие

*На этом уроке мы изучаем:*

> продолжаем про погоду. Нет снега, нет дождя и т.д.

*Слова:*

> снега (нет, много), дождя (нет), солнца (нет), ветра (нет)

### Повторение/Разминка

Работа над сказкой «Теремок». Разучивание ролей, репетиция.

### Основная часть урока
(УЧЕБНИК, С. 51)

Учебники закрыты. Спросите у учеников, какая погода сегодня, какая погода была вчера. Спросите *Идёт дождь? Идёт снег? Сильный ветер?* Поговорите о погоде, употребляя те слова, которые ученики уже знают.

Когда вы поговорили о погоде, вспомнили все знакомые слова, то можно применять фразы с родительным падежом: *нет ветра, нет снега, нет дождя и так далее.* Задавайте ученикам вопросы о погоде, побуждая их использовать новые речевые конструкции.

Откройте учебники на с. 51. Рассматривайте картинки вместе с учениками, читайте подписи к картинкам.

### Чтение и письмо
(РАБОЧАЯ ТЕТРАДЬ, С.51-52)

Задание 5.
Ответы: 2.в кинотеатре, 3.дома на кухне, 4.в магазине, 5.в зоопарке, 6.на стадионе, 7.в школе, 8.в парке.

Задание 6.
Ответы: А. 1.нет дома, 2.нет облаков, 3.нет кота, 4.нет собаки, 5.нет машины, 6.нет мяча. Б. 1.нет стула, 2.нет солнца, 3.нет девочки, 4.нет самолёта, 5.тоже есть река, 6.тоже есть лодка.

#### Окончание занятия

Разыграйте сказку «Теремок» по ролям.

## ГЛАВА 14

### ❶ Занятие

***На этом уроке мы изучаем:***

повторение пройденного за весь курс

***Слова:***

С Днём рождения! Целую.

#### Повторение/Разминка

Спросите у учеников, какой сегодня день недели, какой день недели был вчера.

#### Основная часть урока
(УЧЕБНИК, С. 53-56)

Весь Урок 14 - это один большой комикс, один большой квест с заданиями. У Дениса день рождения. Мальчик ищет свой подарок, по дороге встречает своих друзей, которые дают ему подсказки, где искать дальше. В конце он приходит в зоопарк, где встречает свою маму. Он вместе с мамой и своими друзьями идут в парк, где уже накрыт стол и все готово к празднику.

В этом комиксе очень мало новых слов, поэтому у учеников не должно возникнуть проблем, чтобы понять, что происходит. Даже если им непонятны слова, они могут догадаться, о чем идет речь, посмотрев на картинки.

Все это занятие посвящено квесту.

#### Окончание занятия

Попробуйте вместе с учениками написать какое-нибудь задание для своего собственного квеста.

## ❷ Занятие

*На этом уроке мы изучаем:*

повторяем пройденный материал.

### Повторение/Разминка

Спросите у учеников, какой сегодня день недели, какой день недели был вчера.

### Основная часть урока
(УЧЕБНИК, С. 53-56)

Повторяйте фразы из учебника. Меняйте их так, чтобы у вас получился свой собственный квест. Используйте те фразы, которые ваши ученики написали на прошлом занятии.

### Чтение и письмо
(РАБОЧАЯ ТЕТРАДЬ, С.53-54)

Задание 1.
Отвечать нужно по картинке, которая дана на с.53 в Рабочей тетради, а не по комиксу из учебника. Ответ: 1.Верно, 2.Верно, 3.Неверно, 4.Неверно, 5.Верно, 6.Неверно, 7.Неверно, 8.Верно, 9.Неверно, 10.Верно.

Задание 2.
Составить предложения из слов.
Ответы:
1. У Дениса сегодня день рождения.
2. Его подарок на кухне.
3. В зоопарке один слон.
4. Наша школа номер 58.

Задание 3.
Соедини. Ответы: 1.в, 2.д, 3.е, 4.ж, 5.б, 6.з, 7.а, 8.г.

### Окончание занятия

Начните играть в квест, который вы составили.

## ❸ Занятие

*На этом уроке мы изучаем:*

повторение

### Повторение/Разминка

Спросите у учеников, какой сегодня день недели, какой день недели был вчера.

### Основная часть урока
(УЧЕБНИК, С. 53-56)

Повторяйте фразы из учебника. Меняйте их так, чтобы у вас получился свой собственный квест. Используйте те фразы, которые ваши ученики написали на прошлом занятии.

### Чтение и письмо
(РАБОЧАЯ ТЕТРАДЬ, С.55-56)

Задание 4. Прочитайте слова. Ученики повторяют за вами. Обратите их внимание на то, что И и Й - это две разные буквы. Часто ученики путают И под ударением (и́) с й. Объясните им разницу. Обычно верхняя часть буквы й немного закруглена, а знак ударения всегда прямой. Знак ударения ставится только в книгах для детей и учебниках русского языка. В обычном тексте знак ударения нигде не ставится. С другой стороны, буква Й не может быть под ударением, так как это согласный.

Ученики должны вставить пропущенные буквы и прочитать слова.
**Ответ:** Ошейник, пройти, стой, домой, здравствуйте.

Магазин, квартира, мужчина, тридцать, смотрите.

Задание 5. Вставить пропущенные буквы:

| РАСПИСАНИЕ УРОКОВ ||
|---|---|
| Среда | Четверг |
| Математика | Литература |
| История | Русский |
| География | Музыка |

**Задание 6.** Слова о погоде: снег, ветер, холодно, тепло, солнце, дождь, облако, жарко, погода.

**Задание 7.** Вопросы к заданию могут отличаться. Примерные вопросы:
1. Сколько у тебя яблок?
2. Что ты делаешь утром?
3. Что ты делаешь вечером?
4. Кого вы видели в зоопарке? Где вы видели обезьяну?
5. Куда вы идёте?
6. Какая сегодня погода? Сегодня тепло или холодно?

**Задание 8.** Ответы:
1. Сегодня вторник, завтра *будет* среда.
2. Вчера *была* суббота, сегодня воскресенье.
3. Завтра *будет* четверг, сегодня пятница.
4. Вчера *было* воскресенье, завтра будет вторник.
5. Вчера *был* четверг, завтра *будет* суббота.

### Окончание занятия

Проведите свой собственный квест с учениками, используя материалы, которые вы приготовили раньше.

## ГЛАВА 15
(повторение)

### 1 Занятие

**На этом уроке мы изучаем:**

повторение всего курса

**Слова:**

репка, дед, бабка, внучка.

### Повторение/Разминка

Спросите у учеников, какой сегодня день недели, какой день был вчера, какой день будет завтра.

Расскажите ученикам сказку «Репка». Можете использовать картинку из Учебника, с.60. Можете использовать любую другую картинку из книги или интернета. Эту сказку вы будете разучивать в начале и в конце каждого занятия. На самом последнем занятии у вас представление по сказке «Репка». Вариантов рассказа может быть великое множество. Вот как рассказываю я. Курсивом я выделяю слова, которые ваши ученики еще не знают, но они легко догадаются по картинкам о значении этих слов.

Это *репка* (показываю картинку), это *дед*. Посадил дед репку. Выросла репка большая. Очень большая. *Стал* дед репку *тянуть*. *Тянет, вытянуть* не может. Дед *зовёт: Бабка, иди сюда! Помоги!* Пришла бабка. Дедка за репку, бабка за дедку. Тянут они вместе. Тянут-потянут, вытянуть не могут. *Зовут* они *внучку:* Иди сюда! Помоги! Пришла внучка. Дедка за репку, бабка за дедку, внучка за бабку. Тянут они вместе. Тянут-потянут, вытянуть не могут. Зовут они собаку: Жучка, иди сюда! (Собаку зовут Жучка.) Пришла Жучка. Дедка за репку, бабка за дедку, внучка за бабку, Жучка за внучку. Тянут-потянут, вытянуть не могут. Зовут они кошку. Пришла кошка. Дедка за репку, бабка за дедку, внучка за бабку, Жучка за внучку, кошка за Жучку. Тянут-потянут, вытянуть не могут. Зовут они мышку. Пришла мышка. Дедка за репку, бабка за дедку, внучка за бабку, Жучка за внучку, кошка за Жучку, мышка за кошку. Тянут-потянут, вытянули репку!

Предложите ученикам подумать, какие роли они хотят сыграть в этой сказке.

### Основная часть урока
(УЧЕБНИК, С. 57)

Похвалите детей за хорошую работу в течении учебного года или семестра. Скажите им, что сегодня мы немного оглянемся назад и посмотрим, что мы выучили за это время. Подскажите им, что, когда вы только начинали это учить, им все казалось очень трудным, а сейчас они легко говорят по-русски. Этот этап важен не только для повторения и успешного написания итоговой контрольной работы. Этот этап очень важен для того, чтобы подвести итоги и показать ученикам их достижения. Они должны оглянуться назад и увидеть все то, что они уже умеют делать. Это очень важный момент (важнее, чем оценки).

На с. 57 собраны основные речевые конструкции, с которыми ученики познакомились за учебный период. Читайте предложения вместе, вспоминайте, где вы с ними встречались, какие еще фразы были в этом уроке, в этой ситуации. Дайте ученикам возможность самим вспомнить. Если они смогут, то поговорите с ними о днях недели, о том, что они делают утром, о том, где они живут. Все те темы, которые вы изучали в учебном году.

### Чтение и письмо
(Рабочая тетрадь, с.57)

**Задание 1** Ответы: В одной коробке 6 карандашей. На столе 2 коробки. Сколько всего карандашей в коробках? Всего 12 карандашей.

**Задание 2.** На улице 4 черных собаки и 3 белых собаки. Сколько собак на улице? Всего 7 собак.

**Задание 3.** В магазине мама купила рис за 15 рублей, витамины за 18 рублей и молоко за 21 рубль. Сколько денег потратила мама? Всего 54 рубля.

### Окончание занятия

Репетиция сказки «Репка»

## ❷ Занятие

*На этом уроке мы изучаем:*

повторение

*Слова:*

повторение всех слов

### Повторение/Разминка

Спросите у учеников, какой сегодня день недели, какой день был вчера, какой день будет завтра.

Начинайте репетицию сказки «Репка» и подготовку к представлению.

### Основная часть урока

### Чтение и письмо
(УЧЕБНИК, С. 58)

Ответы: 1д, 2в, 3а, 4б, 5е, 6г.
(РАБОЧАЯ ТЕТРАДЬ, С.58-59)

Задание 4. Ответы: 36 велосипедов, 12 слонов, 8 обезьян, 14 самолётов, 25 лодок, 96 компьютеров, 5 часов, 87 квартир.

Задание 5. Сначала прочитайте слова вслух один раз. Читайте второй раз, ученики повторяют за вами. После этого ученики вставляют пропущенную букву Ж и читают слова самостоятельно.
Ответы: гараж, день рождения, дождь, жёлтая, живу, можно, мороженое, положить, ужинать, вижу

Задание 6. Ответы: понедельник, вторник, среда, четверг, пятница, суббота, воскресенье.

### Окончание занятия

Репетиция сказки «Репка»

## ❸ Занятие

### Повторение/Разминка

Спросите у учеников, какой сегодня день недели, какой день был вчера, какой день будет завтра.

Начинайте репетицию сказки «Репка» и подготовку к представлению.

### Основная часть урока
(УЧЕБНИК, С. 59)

Игра «Бинго».
(РАБОЧАЯ ТЕТРАДЬ, С.62-62)
Повторите слова из Словарика. Проговорите их сначала устно. После этого дети должны вписать слова в нужные строчки и раскрасить картинки.

### Чтение и письмо
(РАБОЧАЯ ТЕТРАДЬ, С.60)

Задание 7. Ответы: «В городе». Стадион, магазин, улица, парк, кинотеатр.
«В доме». Ванная, спальня, кухня, гараж, балкон, гостиная.
«В школе». География, математика, расписание, литература, физкультура.

### Окончание занятия

Представление сказки «Репка». Пригласите родителей на представление.
Подготовка к следующему уроку
На следующем уроке у вас контрольная. Подготовьте достаточное количество копий.

## А

| | |
|---|---|
| автобус | 9 |
| автобусе (в) | 9 |
| адрес | 4 |
| адресов | 11 |
| апельсинов (нет) | 12 |

## Б

| | |
|---|---|
| бабка | 15 |
| бабушки (у) | 8 |
| балкон | 5 |
| балконе (на) | 5 |
| балконов | 11 |
| бегает | 2 |
| бегают | 2 |
| библиотек (много) | 13 |
| библиотека | 2 |
| библиотеке (в) | 2 |
| библиотеку | 4 |
| билет на концерт | 8 |
| брата | 9 |
| брата (два) | 13 |
| братьев (много) | 13 |
| будет | 6 |
| буду | 13 |
| был | 6 |
| была | 6 |
| были | 6 |
| было | 6 |

## В

| | |
|---|---|
| ванная | 5 |
| ванной (в) | 5 |
| велосипеда (нет) | 12 |
| велосипедов (нет) | 12 |
| верблюд | 9 |
| верблюда | 9 |
| ветер | 8 |
| ветра (нет) | 13 |
| вечером | 10 |
| видела (я, она) | 9 |
| видит | 9 |
| вижу (я) | 9 |
| витамины | 2 |
| внучка | 15 |
| воды (нет) | 12 |
| волк | 13 |
| волосы | 1 |
| восемнадцать | 3 |
| восемьдесят | 4 |
| воскресенье | 6 |
| всегда | 10 |
| встаёт | 10 |
| встаёшь | 10 |
| встаю | 10 |
| вторник | 6 |
| вторник (во) | 6 |
| вчера | 6 |

## Г

| | |
|---|---|
| гараж | 5 |
| гараже (в) | 5 |
| география | 6 |
| глаз | 1 |
| глаза | 1 |
| голубую | 8 |
| город | 2 |
| гостиная | 5 |
| гостиной (в) | 5 |
| гостиную (в) | 5 |
| гуляем | 3 |
| гуляет | 3 |
| гулять | 11 |
| гуляю | 3 |
| гуляют | 3 |

## Д

| | |
|---|---|
| дай мне | 8 |
| двадцать | 3 |
| две | 12 |
| девяносто | 4 |
| девятнадцать | 3 |
| дед | 15 |
| делаете | 2 |
| день недели | 6 |
| день рождения | 8 |
| джинсов (нет) | 12 |
| днём | 10 |
| дни недели | 6 |
| дождь | 8 |
| дождя (нет) | 13 |
| домов (много) | 13 |
| домой | 3 |
| другое | 1 |
| другой | 1 |
| дует | 8 |
| думаешь | 7 |

## Е

| | |
|---|---|
| едет | 9 |
| едут | 9 |
| ест на завтрак | 10 |
| ещё | 11 |

## Ж

| | |
|---|---|
| жёлтую | 8 |
| женщина | 3 |
| женщину | 9 |
| женщины | 3 |
| живём | 3 |
| живёт | 3 |
| живёт по адресу | 7 |
| живи | 13 |
| живу | 3 |
| журнал | 2 |

## З

| | |
|---|---|
| завтра | 6 |
| завтрак | 10 |
| завтракаю | 10 |
| замке (в) | 5 |
| зАмок | 5 |
| заполните | 7 |
| заяц | 13 |
| звать | 15 |
| здесь | 2 |
| здравствуйте | 7 |
| зелёную | 8 |
| зонтиков | 11 |

## СПИСОК СЛОВ

| | |
|---|---|
| зоопарк | 9 |
| зоопарке (в) | 9 |

### И
| | |
|---|---|
| Ивана | 9 |
| играем | 2 |
| играет | 3 |
| играть | 3 |
| играют | 2 |
| идём | 2 |
| идём сюда | 2 |
| иди | 2 |
| иди сюда | 1 |
| идите | 3 |
| интересную | 8 |
| история | 6 |
| ищу | 9 |

### К
| | |
|---|---|
| кабинет | 7 |
| как ты думаешь? | 7 |
| какая погода? | 8 |
| какой урок? | 6 |
| какую (в) | 10 |
| какую погоду? | 8 |
| карандаша (два, нет) | 13 |
| карандашей (много) | 13 |
| картину | 8 |
| квартир (нет) | 12 |
| квартира | 3 |
| квартире (в) | 3 |
| кинотеатр | 2 |
| кинотеатре (в) | 2 |
| клинике (в) | 7 |
| кличка собаки | 7 |
| книг | 11 |
| книги (нет) | 12 |
| когда | 10 |
| компьютеров | 11 |
| конец | 2 |
| конечно | 7 |
| корм | 2 |
| коробки (нет) | 12 |

| | |
|---|---|
| коробку | 8 |
| коробок (нет) | 12 |
| кота (два) | 12 |
| котов | 11 |
| кошку | 8 |
| красную | 8 |
| крыш | 11 |
| крыша | 5 |
| крыше (на) | 5 |
| крышу (на) | 5 |
| куда нести | 10 |
| кукол | 11 |
| кухне (на) | 5 |
| кухню (на) | 5 |
| кухня | 5 |

### Л
| | |
|---|---|
| ленивый | 10 |
| лиса | 13 |
| литература | 6 |
| литературу | 8 |
| лицо | 1 |
| лови | 3 |
| лягушка | 13 |

### М
| | |
|---|---|
| магазин | 2 |
| магазине (в) | 2 |
| мало | 11 |
| мальчика | 9 |
| маму | 9 |
| математика | 6 |
| машин | 11 |
| машины (нет) | 12 |
| медведь | 13 |
| много | 11 |
| могу | 11 |
| моет посуду | 10 |
| можешь | 6 |
| Можно посмотреть? | 1 |
| Можно? | 1 |
| молока (нет) | 12 |
| мороженое | 2 |

| | |
|---|---|
| мужчина | 3 |
| мужчины | 3 |
| музыка | 6 |
| музыку | 8 |
| мышка | 13 |
| мяча (два) | 12 |
| мячей (много) | 13 |

### Н
| | |
|---|---|
| надо идти | 12 |
| найди | 9 |
| налево | 5 |
| направо | 5 |
| начало | 2 |
| не было видно | 10 |
| неделя | 6 |
| нельзя | 1 |
| несите | 10 |
| несите в спальню | 10 |
| нести | 10 |
| никогда | 10 |
| новую | 8 |
| номер | 4 |
| нос | 1 |
| нравится (ему, ей, мне) | 3 |

### О
| | |
|---|---|
| обезьяна | 9 |
| обезьяну | 9 |
| облаков | 11 |
| одеваюсь | 10 |
| одна | 11 |
| одно | 1 |
| опаздываешь | 10 |
| опоздал | 10 |
| отправляет | 2 |
| отправляете | 2 |
| ошейник | 4 |

### П
| | |
|---|---|
| парк | 2 |
| парке (в) | 2 |

# СПИСОК СЛОВ

| | |
|---|---|
| парков (нет) | 12 |
| плавание | 6 |
| платьев (нет) | 12 |
| платья (два) | 13 |
| плохую | 8 |
| поверни | 5 |
| повернуть | 5 |
| погода | 8 |
| погоду | 8 |
| подари ей | 8 |
| подарили | 8 |
| подарить | 8 |
| подарок | 8 |
| подвал | 5 |
| подвале (в) | 5 |
| поздно | 10 |
| позови | 11 |
| пойдём | 11 |
| пойти в клинику | 6 |
| покупаем | 2 |
| покупаете | 2 |
| положить | 8 |
| понедельник | 6 |
| портфелей (много) | 13 |
| портфеля (два, нет) | 13 |
| Посмотрите | 1 |
| потом | 10 |
| почему | 2 |
| почта | 2 |
| почте (на) | 2 |
| почту | 4 |
| прививка | 6 |
| прививки | 6 |
| прививку щенку | 6 |
| привидение | 5 |
| принимаешь душ | 10 |
| природоведение | 6 |
| пройти | 5 |
| прямо | 5 |
| прятки | 5 |
| пятнадцать | 3 |
| пятница | 6 |
| пятницу (в) | 6 |

| | |
|---|---|
| пятьдесят | 4 |

## Р

| | |
|---|---|
| работает | 2 |
| работают | 3 |
| рано | 10 |
| расписание | 6 |
| реки (две) | 13 |
| репка | 15 |
| риса (нет) | 12 |
| рисование | 6 |
| рот | 1 |
| рубашек | 11 |
| русскую | 8 |

## С

| | |
|---|---|
| С Днём рождения! | 14 |
| самолётов | 11 |
| светит | 8 |
| сегодня | 6 |
| семнадцать | 3 |
| семьдесят | 4 |
| сестёр (много) | 13 |
| сестру | 9 |
| сёстры (две) | 13 |
| слон | 9 |
| слона | 9 |
| слонов | 11 |
| смо́трите | 2 |
| смотрит | 10 |
| смотрите | 2 |
| смотрят | 2 |
| снег | 8 |
| снега (нет, много) | 13 |
| собак | 11 |
| собаки (нет) | 12 |
| собакой (с) | 10 |
| солнца (нет) | 13 |
| сорок | 4 |
| спальне (в) | 5 |
| спальню (в) | 5 |
| спальня | 5 |
| список | 12 |

| | |
|---|---|
| среда | 6 |
| среду (в) | 6 |
| стадион | 2 |
| стадионе (на) | 2 |
| стадионов (много) | 13 |
| сто | 4 |
| стой | 2 |
| стой | 5 |
| столов | 11 |
| стула (два) | 13 |
| стульев (много) | 13 |
| суббота | 6 |
| субботу (в) | 6 |
| сына | 9 |

## Т

| | |
|---|---|
| там | 2 |
| твоего | 9 |
| телевизор | 10 |
| телевизоров (нет) | 12 |
| телефон | 4 |
| теперь | 2 |
| тёплом | 8 |
| теремок | 13 |
| тетрадей (много) | 13 |
| тетради (две, нет) | 13 |
| тигр | 9 |
| тигра | 9 |
| тигров (нет) | 12 |
| тридцать | 4 |
| тринадцать | 3 |
| туалет | 5 |
| туалете (в) | 5 |
| туристов (нет) | 12 |
| туристы | 5 |
| ты видишь? | 9 |
| тянуть | 15 |

## У

| | |
|---|---|
| уже | 11 |
| ужинаешь | 10 |
| ужинать | 3 |
| улиц (много) | 13 |

## СПИСОК СЛОВ

| | |
|---|---|
| улица | 4 |
| улице | 4 |
| улицу | 4 |
| урок | 6 |
| уроков | 11 |
| утром | 10 |
| ухо | 1 |
| учитель | 10 |
| уши | 1 |

**Ф**

| | |
|---|---|
| физкультура | 6 |
| фильм | 2 |
| футбол | 2 |

**Х**

| | |
|---|---|
| хлеба (нет) | 12 |
| ходить | 10 |
| холодную | 8 |
| хорошую | 8 |
| хочет | 3 |
| хочешь | 11 |
| хочу | 11 |

**Ц**

| | |
|---|---|
| целую | 14 |

**Ч**

| | |
|---|---|
| чая (нет) | 12 |
| чердак | 5 |
| чердаке (на) | 5 |
| четверг | 6 |
| четырнадцать | 3 |
| чистит зубы | 10 |
| чистишь зубы | 10 |
| читаете | 2 |

**Ш**

| | |
|---|---|
| шестнадцать | 3 |
| шестьдесят | 4 |
| школу | 4 |

**Щ**

| | |
|---|---|
| щенок | 1 |

**Э**

| | |
|---|---|
| этой (в) | 3 |
| этом (в) | 3 |

**Я**

| | |
|---|---|
| яблок (нет) | 11 |
| яблока (два) | 12 |
| ящиков (нет) | 11 |

**Контрольная работа 1. (Уроки 1–5)**

**Соедини.** [5 баллов]

Пример: Номер два — карандаш     ящик

1. Номер пятьдесят семь     стул
2. Номер тридцать     тетрадь
3. Номер двадцать два     линейка
4. Номер шестьдесят четыре     портфель
5. Номер сорок шесть     стол

**Вставь слова.** [5 баллов]

нос   уши   волосы   глаза   рот

6. У меня большие _____
7. У меня маленькие _____
8. У меня большой _____
9. У меня маленький _____
10. У меня длинные _____

**Контрольная работа 1. (Уроки 1-5)**

**Вставь нужные слова.** [5 баллов]

в этом доме   домой   в магазин   ~~в магазине~~   в парке   на стадион

Пример. Женщина работает _в магазине._

⑪ Я живу _____

⑫ Мама идёт _____

⑬ Маша и Вика гуляют _____

⑭ Я иду _____

⑮ Мальчики бегают _____

**Выбери правильный вопрос.** [5 баллов]

где?  —  _в школе_

куда?  —  _в библиотеку_

⑯ на стадион
⑰ в кинотеатре
⑱ в школу
⑲ в библиотеке
⑳ в магазин

[Всего: _____ баллов из 20]

**Контрольная работа 2. (Уроки 5–10)**

(Напиши нужные слова.) [5 баллов]

(новый)   (новую)

Пример:
*Мне подарили новый компьютер,*

① _____ куклу,
② _____ велосипед,
③ _____ книгу,
④ _____ машину,
⑤ _____ юбку.

(Составь предложения из слов.) [5 баллов]

Пример:
идёт улицу на Кошка гулять – *Кошка идёт гулять на улицу.*

⑥ погоду любишь Какую ты? _____
⑦ большую красное коробку Положи яблоко в _____
⑧ зовут Как брата твоего? _____
⑨ Дениса ищу Я. _____
⑩ Библиотеку Мы новую идём в _____

## Контрольная работа 2. (Уроки 6-10)

**Выбери нужную букву.** [5 баллов]

Пример:

*Сегодня очень холодно.* 
*Вика идёт в магазин.* — д

(11) Идёт снег. 
Вика играет на улице.

(12) Тепло. Дует ветер. 
Вика играет в парке.

(13) Очень жарко.

(14) Идёт дождь. 
Вика дома.

(15) Светит солнце и тепло. 
Вика на стадионе.

**Ответь на вопросы.** [5 баллов]

Пример:

Это Вова.

Какой урок у него во вторник в 9 часов? *география*

(16) Какой урок у него в среду в 10 часов? _____

(17) Какой урок у него в понедельник в 8 часов? _____

(18) Какой урок у него во вторник в 11 часов? _____

(19) Какой урок у него в понедельник в 10 часов? _____

(20) Какой урок у него в среду в 12 часов? _____

|  | 8 часов | 9 часов | 10 часов | 11 часов | 12 часов |
|---|---|---|---|---|---|
| понедельник | история | русский язык | литература | природоведение | литература |
| вторник | физкультура | география | математика | математика | русский язык |
| среда | рисование | музыка | русский язык | физкультура | музыка |

[Всего: _____ баллов из 20]

**Контрольная работа 3. (Уроки 11-15)**

Напиши слова один, одна или одно. [5 баллов]

Пример: _один_ час

1. _____ кухня
2. _____ стол
3. _____ глаз
4. _____ облако
5. _____ газета

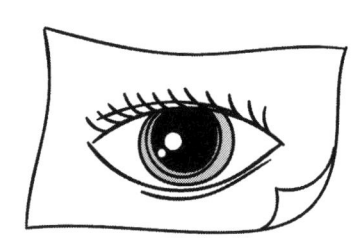

Напиши слова две или два. [5 баллов]

Пример: _два_ часа

6. _____ юбки
7. _____ рубашки
8. _____ яблока
9. _____ носа
10. _____ кинотеатра

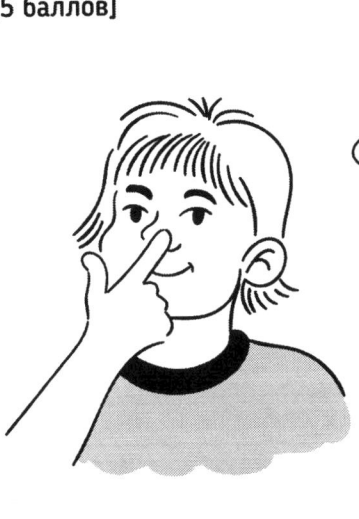

**Контрольная работа 3. (Уроки 11–15)**

**Чего нет?** [5 баллов]

Пример:

У него есть собака? – *Нет, у него нет собаки.*

⑪ В зоопарке есть обезьяна? _____

⑫ Сегодня идёт снег? _____

⑬ У него есть велосипед? _____

⑭ У тебя есть брат? _____

⑮ У неё есть сестра? _____

**У тебя уже есть ответы, напиши к ним вопросы** [5 баллов]

Пример:

*Сколько у тебя котов?* – У меня два кота.

⑯ _____ – В доме нет балконов.

⑰ _____ – В парке много мальчиков.

⑱ _____ – На улице две машины.

⑲ _____ – На столе три яблока.

⑳ _____ – У меня один апельсин.

[Всего: _____ баллов из 20]

# СОРОКА

## ЧТО МЫ ЗНАЕМ ОБ УЧЕБНИКЕ?

— Учебник РКИ для детей – это ….

— Много картинок?

— Правильно! Там много картинок.

— И можно порисовать?

— Да, можно порисовать.

**УРОК 8** (29)

Нарисуй свою семью.

— А кроссворды есть?

— Есть и кроссворды.

— А раскраски?

— Вот.

— Может, у Вас и комиксы есть?

— Да, комиксы тоже есть.

А поиграть?
Можно и поиграть.
Игра.
кто это?
Привет, Аня!

А почему у Вас одни страницы цветные, а другие - черно-белые?
Потому что у нас две книги.
СОРОКА
УЧЕБНИК 1
СОРОКА

Цветные страницы в учебнике.
УРОК 2
7
ЧТО ЭТО?
Посмотри и скажи.
карандаш
стул
линейка
ластик
портфель
ручка
книга
стол
Теперь посмотри и скажи.
Что это?
Это ручка
УРОК 15
57
ЧТО НЕ ТАК?

— А чёрно-белые — в рабочей тетради, чтобы можно было раскрасить и порисовать.

— Но это все один учебник?

— Да. Когда ты выучишь слова в учебнике, напишешь их в рабочей тетради.

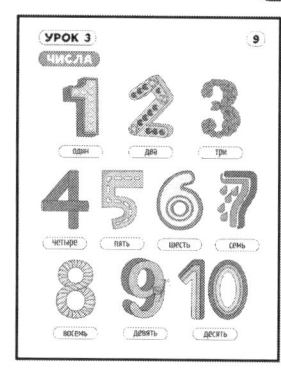

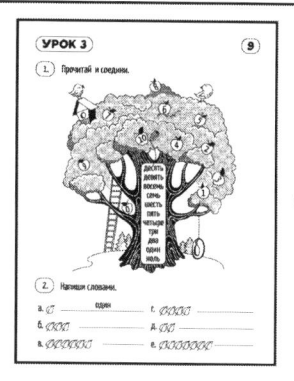

— У Вас же три книги, а не две!

— Это скучная книга для взрослых, там нет картинок. В ней рассказано, как работать с учебником.

— А! Знаю! У Вас там ответы на задания. ДА?

— Совершенно верно. А еще там сценарии игр.

— Еще игры? Ура! Мы будем еще играть!

— Конечно, будем играть! А еще в этой книге контрольные.

— Контрольные? А разве мне нужно писать контрольные?

— Я думаю, что да, нужно. На уроке я слышу, как ты говоришь по-русски, но мне надо проверить, как ты умеешь читать и писать.

— Не волнуйся, ты справишься! Контрольные ведь тоже бывают интересные.

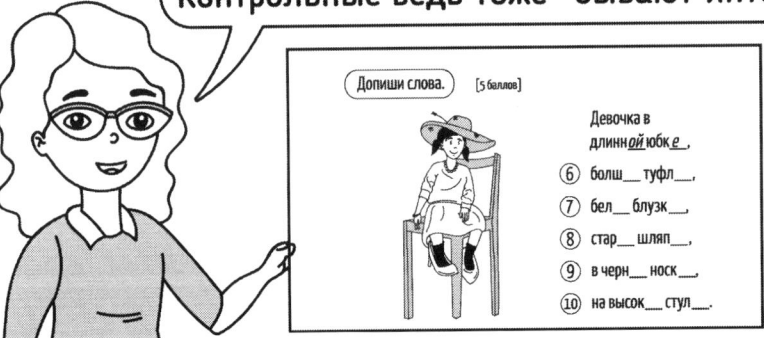

Допиши слова. [5 баллов]

Девочка в длинн*ой* юбк*е*,

⑥ болш___ туфл___,
⑦ бел___ блузк___,
⑧ стар___ шляп___,
⑨ в черн___ носк___,
⑩ на высок___ стул___.

Если остались вопросы — задай их в группе на Фейсбуке:

www.facebook.com/marianna.avery/
www.facebook.com/groups/avery.soroka/

Made in the USA
Middletown, DE
22 May 2018